D1918098

Ich reise für die Zukunft

Christa Meves

Ich reise für die Zukunft

Vortragserfahrungen
und Erlebnisse einer Psychagogin

HERDER FREIBURG · BASEL · WIEN

2. Auflage 1973

Alle Rechte vorbehalten – Printed in Germany
© Verlag Herder KG Freiburg im Breisgau 1973
Herder Druck Freiburg im Breisgau 1973
ISBN 3-451-16845-6

Allen meinen Veranstaltern,
den Zuhörern, den Diskutanten,
den nahen und unbekannten Gefährten
dankbar zugeeignet

Inhaltsverzeichnis

An der Angel einer Aufgabe 9
Das Publikum 13
Veranstalter 31
Rednerpulte und Mikrophone 45
Meine Straßen, meine Autos 59
Die treuen Begleiter 69
Diskussionen 81
Unterkünfte 111
Büchertische 127
Begegnungen 135
Höhen und Tiefen 149
„. . . und halte die Predigt . . .“ 171

An der Angel einer Aufgabe

In magnis et voluisse sat est.
(In großen Dingen genügt es, sie gewollt zu haben.)
Properz

Ich fahre. Die Landstraße ist rundbuckelig und holperig, surrend schaukelt der Wagen von Delle zu Delle. Nasser Schnee klatscht gegen die Scheiben, eilfertig ächzend kämpft der Scheibenwischer gegen den Wust von chaotischem Brei. Mir kommt eine Fahrzeugkolonne entgegen, ein grell blendender Laternenzug. Ein Tanklastwagen führt. Er wirft prasselnd allen Matsch der Welt gegen meine Scheibe. Ich schrecke zusammen, umklammere das Steuer, ich sehe nichts, der Wagen schlingert, rutscht, fängt sich. Die Kolonne ist vorüber. Ich fahre – fahre wirklich immer noch.

Irgendwann in der endlos finsteren Nacht finde ich das grüne Tor wieder, das zum heimatlichen Hafen gehört, rolle ein, bremse, schalte die Scheinwerfer aus. Kreiselnd verstummt der Motor. Erschöpft bleibe ich noch eine Weile über dem Steuer hängen, die Schultern schmerzen, im Kopf hämmert's, vor den Augen kreisen Lichträder und -blitze.

 Noch einmal bin ich wieder angekommen, wirklich noch einmal. Wie

oft noch? „Danke – danke“, sagt es stumm in mir. Ich raffe Koffer und Mantel zusammen. Mein Arbeitstag ist zu Ende.
Nicht immer ist er so hart, aber auf jeden Fall vielseitig. Als ich jüngst in dem Bewußtsein, heute den tausendsten Vortrag zu halten, über die Autobahn rollte, beschloß ich, mit dem Berichten über diesen Teil meines Berufes nicht erst jenseits meiner Achtzigjährigkeit zu beginnen, sondern jetzt, während ich mitten darin stehe, während das Erleben noch ganz nah, die Erinnerung noch im einzelnen lebendig ist, um diesen rätselhaften, ja oft skurrilen Abschnitt meines Lebens als ein Stück Zeitgeschehen festzuhalten für die Enkel, die vielleicht schon so ganz anders leben werden, daß dieses Tun ihnen fern und seltsam erscheint. Aber vielleicht vermag es auch ein wenig ermunternd zu wirken, denn – und dieses Bekenntnis mag Pessimisten so illusionär erscheinen, daß sie darüber (gewiß zum Teil auch berechtigt) in lautes Gelächter ausbrechen werden: Ich reise in Sachen Zukunft.
Ich sprach jahraus, jahrein auf den „Märkten“, um meine Hörer davon zu überzeugen, daß wir unser Leben ändern, unsere Kinder anders erziehen müssen, wenn wir Zukunft haben wollen. Ja, ich wage es, mitten in die gekrausten Stirnen meiner psychoanalytischen Kollegen hinein, die so genau über „Scheinmotivationen“ unterrichtet sind, zu behaupten, daß ich allen Ernstes wie Don Quichotte ausgezogen bin, um zu retten, was sich bei aller Gefährdung noch retten lassen will. Dabei maße ich mir nicht an, zu glauben, ich könnte das bewirken. Aber ich *mußte* ausziehen, um aufgrund der Erfahrungen an seelisch gestörten Kindern

zum Vorbeugen aufzurufen. Ich tat es aus Verantwortung und in der Hoffnung, daß durch mich hindurch Kraft geschenkt, Ohren geöffnet, Herzen erschüttert würden, damit ein neuer, ein anderer Anfang vorbereitet würde. Ich glaubte mich dem Anruf, der mir aus der vielen Not in der Praxisarbeit entgegenschallt, nicht entziehen zu dürfen. Und bald saß ich fest an der Angel einer Aufgabe, der ich mich bei allem Wissen um die Vergeblichkeit des Predigens in der Wüste doch mit unverwüstlicher Hoffnung täglich neu aussetze.

Aber anders als in meinen Büchern bisher, soll in diesem Bericht nicht fachliche Information geliefert werden, sondern ich will meinen Lesern lediglich erzählen, wie es zuging auf diesen Reisen, von den merkwürdigen, lustigen oder dramatischen Begleitumständen, die mir widerfuhren.

Das Publikum

„Das ist alles längst polizeiwidrig“, sagt der junge Pfarrer und zerrt erhitzt an seinem Kragen, „der Saal ist übervoll, aber sollen wir die Leute nun wieder nach Hause schicken?“ Ich quetsche mich mühsam durch den mit Stühlen zugestellten Gang. Man hockt auf den Fensterbänken, den Stufen zum Podium, auf den Heizkörpern. Die Luft ist stickig und überhitzt trocken. In gebannter Erwartung harrt eine unübersehbare Menschenmenge, Kopf an Kopf. Das ist das typische Bild einer Vortragsveranstaltung über Erziehungsfragen aus dem Jahr 1973. Wo kommen all dic Menschen her, was treibt sie trotz des harten Arbeitstages, trotz des spannenden Krimis im Fernsehen, die heimische Gemütlichkeit gegen einen solchen Vortragsabend einzutauschen? Die Rednerin bildet sich nicht ein, daß ihre Person hier lockte – nein, es ist die große, große Not, die Rat- und Hilflosigkeit, die Notwendigkeit, mehr zu lernen über die Terra incognita Erziehung, die sie zu kommen bewegte. Denn viele der Zuhörenden sind bereits schwer Leidende, andere fühlen sich nur unsicher, und viele junge, pflichtbewußte Elternpaare erkennen die Gefahren an den Familien ihrer Freunde, Nachbarn, Verwandten; sie suchen nach Wegen, dem Unglück vorzubeugen – mit

Recht. Und ihre Erwartung steigert in mir das Bedürfnis, meine Sache ganz gut zu machen, die Gefahren in ihrem Kern, in ihrer zentralen Wesenheit so darzustellen, daß man versteht, worauf es ankommt. Dieses Informationsbedürfnis ist erst in den letzten Jahren so stark angewachsen. Es signalisiert, wie hoch die Flut der Nöte angestiegen ist, es ist Symptom dafür, daß die Drachensaat einer verwöhnenden, vertechnisierten, ersatzbefriedigenden Fehlerziehung aufgegangen ist. 1958, als ich meinen ersten Vortrag vor dem Kinderschutzbund des Ortsverbandes Uelzen hielt, war das alles ganz anders:

Viel zu früh, eine halbe Stunde vor Vortragsbeginn, betrete ich den Versammlungssaal. Es ist eine Gastwirtschaft, in der die bunte Dekoration vom Fasching her noch in kitschigen Girlanden um die rauchgeschwärzten Säulen rankt. Meine Knie schlottern, mein Herz hämmert. Den Vortrag – exakt ausgearbeitet, säuberlich und persönlich getippt – lasse ich nicht aus den schweißnassen Händen, obgleich er, sorgfältig gelernt, auch im Gedächtnis sitzt. Ich werde über „das neurotische Kind“ sprechen. Falls das Unternehmen einschlägt, könne daraus vielleicht ein kleines Seminar werden, hat die Veranstalterin gemeint. Zehn Minuten vor Beginn erscheint sie und klirrt irritiert mit den langen Ohrringen: „Warum denn wohl noch keine Menschenseele hier ist, wo ich doch so die Werbetrommel gerührt habe – ja, wissen Sie, Erziehungsfragen, das interessiert eben doch nicht so recht, da ist wohl auch nicht genug drin. Unsere Leute, die haben es mehr darauf abgesehen, über Kindesmißhandlungen orientiert zu werden und gegen die etwas zu unternehmen. Erziehen – das ist doch eine Sache, die man eben ohnehin kann.“

Cum tempore hat der Verband es schließlich auf acht Hörerinnen gebracht, alte Frauen, bei denen man den Verdacht nicht gänzlich los wird, daß sie hoffen, es möge in dem nur knapp beheizten Gasthaussaal wärmer sein als in ihren Rentnerzimmerchen. Ich lege dennoch los, ziehe alle Register; und es gelingt mir auch, die Mehrzahl, sechs bis sieben Frauen, ihrem an sich wohlverdienten Nachmittagsschlaf zu entreißen. Aber was helfen sieben: Wenn ein Hörer, vom Schlaf enthemmt, rasselnd in säuselnden Stößen zu schnarchen beginnt, ist sowohl die Aufmerksamkeit der anderen wie das Konzentrationsvermögen des Redners automatisch in einer eklatanten Weise in Frage gestellt. In den Damen und mir steigt unbezwingbar glucksend und schüttelnd das Lachen auf und bricht schließlich gemeinsam prustend aus. Mit einem rasant abbrechenden Kehllaut schreckt die Träumerin hoch und stimmt in verhaltenem Mitläufertum, ohne zu verstehen, mit in die Fröhlichkeit ein.

„Ich glaube, wir brauchen alle dringend einen Kaffee“, sagt die Veranstalterin statt eines Schlußwortes, und die Frauen entströmen ächzend ins Restaurant. Dies ist mein Auftakt.

Mein zweiter Auftrag kommt aus einem Landfrauenverein. Diese Damen sitzen gemütlich strickend, mit roten Wänglein und genüßlich plaudernd bei ihrem Tee, als ich zu ihnen stoße. Ich finde, Stricken ist eine herrliche Tätigkeit. Ich stricke selbst gern. Mir fehlt nur die Zeit dazu. Ich habe viel Verständnis dafür, daß man in einem Landfrauenverein strickt, denn Landfrauen haben noch weniger Zeit als ich. Aber ich beschließe, sie aus ihrer so runden Schläfrigkeit herauszuholen. Landfrauen haben meistens noch das Herz auf dem rechten Fleck. Sie sind immer noch Frauen, unverbildet, oft noch mit einem gut funktionierenden, gesunden Menschenverstand. Ich will sie dazu bringen, daß sie meinen Karren mitziehen, jede an ihrem Platz. Sie sollen so hellhörig werden, daß sie aufhören zu stricken. Nach vierzigminütiger Redezeit strickt nur noch eine. Sie ist hartnäckig; der Pullover ist kurz vor der Vollendung, sie will, sie muß ihn zu Ende bringen. Ich will, ich muß sie zum Zuhören bringen. Ich rette mich ins Thema Stricken und erzähle den Fall jener Großmutter, die mir sagte: „Ich stricke den ganzen Tag mit großer Lust, alle Enkel, alle Kinder und Schwiegerkinder bestricke ich, oft auch die Freunde. Stricken ist mein Schicksal geworden, denn als ich acht Jahre alt war, sagte meine Lehrerin in jeder Handarbeitsstunde zu mir: „Lottelene, *Du* wirst es niemals lernen.“ – Das letzte Strickzeug liegt im Schoß. Ich kann endlich wirklich anfangen.

Als nächstes entdecken mich die Lehrer – aber zunächst meinen sie mich, ähnlich wie meine Landfrauen, als eine Art Unterhaltungskapelle zu Erhöhung lustvoller Geselligkeit verwenden zu können. Wenn eine solche Versammlung größere Ausmaße hat, kann man häufig bereits beim Eintreten die Köpfe der gelehrsamen Damen und Herren nur durch einen dicken Dunst mehr oder weniger exquisiten Tabakrauches erkennen. Trotz dieser stimm-mindernden Vernebelungen komme ich diesem Stand bereits 1960 mit harten Prognosen: 1970 wird die Konzentrationsunfähigkeit der Schüler so groß sein, daß die Lehrer zu Schwerstarbeitern werden, die Ganzwortmethode wird aus der zunehmenden Zahl der sogenannten intentional gehemmten Kindern ein Heer von Legasthenikern machen, aus dem Volk der Dichter und Denker wird als Folge falscher Früherfahrung und Verwöhnung ein Volk von jugendlichen Dieben werden. Brüllendes Gelächter schallt mir bei solchen Prognosen entgegen, man klatscht sich auf die Schenkel, schüttelt lachend die Köpfe ob so eines Unsinns. Der leitende Schulrat schickt mir, indigniert darüber, daß er mich überhaupt eingeladen hat, nach der Veranstaltung einen Bericht über den Wert der Ganzwortmethode mit der Bitte, mich doch erst einmal über den Fortschritt zu informieren, ehe ich die Methode verdamme. Jetzt, 1972, veröffentlicht eben dieser Schulmann einen Bericht über die Vermehrung der Legasthenien bei der Anwendung der Ganzwortmethode. Er sei beglückt, auf diesen Zusammenhang gestoßen zu sein, kann man da lesen.

Aus der Schar der Lehrer ragte damals nur hin und wieder eine Persönlichkeit, ein wirklich kritisch nachdenklicher Geist über das wogend vernebelte Meer von Rauchlust und Pensionsberechtigung hervor und machte sich daran, sich in der Praxis gegen das wachsende Unglück zu stellen. Heute sind viele ebenso hellwach wie verzweifelt; denn die so herabgeminderte Leistungsfähigkeit ihrer Schüler hat den Lehrerstand generell zu einem leidenden gemacht. Aber manche dieser Ohren blieben bis in den Beginn der siebziger Jahre hinein dennoch verschlossen. Ihre Gehirne hatten durch Abschlußexamen bewiesen, daß sie im Besitz der letztgültigen Wahrheit standen. Eine Reihe von Pädagogen ist, obgleich ihnen das Wasser bis zum Halse steht, selbst heute nicht in der Lage, im Feld der Pädagogik etwas anzunehmen, von dem sie auf der Universität nichts hörten; dabei weiß jeder, der diesen Weg ging, wie stückwerkhaft das pädagogisch praktikable Wissen ist, das man im Zuge einer solchen Ausbildung erlangt.

Eine Ausnahme bildeten schon früh die Religionslehrer. In der geistigen Bewertung ist Religion längst nicht mehr das Kopffach, wie es noch auf den Zeugnissen steht. Das Schulfach Religion lebt in der Diaspora, ja geradezu in der Verbannung. Sich dazu zu bekennen, ein Religionslehrer zu sein, erfordert stummes Heldentum. Deshalb gibt es viel unvoreingenommene Wahrheit, viel leidenschaftliche Lernwilligkeit unter ihnen. Die vielen religionspädagogischen Tagungen, wo ich im letzten Jahrzehnt als Vortragende mitgewirkt habe, hatten stets hohes Niveau, strotzten von Lebendigkeit des Fragens und echtem Bemühen.

Jedes Publikum hat ein Gesicht, ein jeweils verschiedenes freilich, das anscheinend von einigen Determinanten abhängt. Eine der Determinanten ist die Entfernung. Man kann einigermaßen sicher sein, daß das Wohlwollen und die Aufnahmebereitschaft der Zuhörer mit jedem gefahrenen Kilometer, den man zurückgelegt hat, um den Versammlungsort zu erreichen, steigt. Am besten ist es eben, aus dem fernen Land zu kommen, aus dem „Reich“ nach Österreich, aus dem „hohen Norden“ in die Schweiz, aus einem etwa in Singen am Bodensee oft schon gänzlich unbekannten Gefilde. Ein Redner aus Uelzen, das ist dort schon fast so geheimnisvoll fremd wie Dänikens Gäste von fernen Sternen. Daß der „Prophet im eigenen Vaterland“ nichts gilt, wie selbst Christus es erfuhr und danach verfuhr, liegt daran, daß der Mensch mit Recht von einer neuen geistigen Erkenntnis erwartet, daß sie aus einer anderen Welt stammt, ja letztlich unirdischen Ursprungs ist. Die Vermittler einer überpersönlichen Einsicht, die das Bewußtsein erhellt, ist ganz generell in dem Kreis am wenigsten möglich, in dem ihr Träger seinen Alltag verbringt; denn dort wird der Blick auf die Sache durch die Erfahrung verstellt, daß dieser Mensch ein ganz gewöhnliches Exemplar seiner Spezies ist, eben einer von der gleichen Sorte wie man selbst. Ich machte einmal in einem vom Rundfunk arrangierten Streitgespräch eine prominente Person auf die höchst eindrucksvollen Arbeitsergebnisse eines Verhaltensforschers aufmerksam, die wegen ihrer Exaktheit allgemeine Anerkennung erfahren hatten. Entwaffnend entgegnete mein Kontrahent, ein Hochschulprofessor: „Ach, der X, na hören Sie, was der schon weiß – mit dem trinke ich ja jeden Morgen Kaffee!“

Am Eingang zu einem Vortragssaal in Hamburg trat in freudiger Bewegtheit ein Herr auf mich zu und sagte: „Hallo, Sie, ich bin auch aus Uelzen – was soll da schon Gutes herkommen, nicht wahr?“ Ähnlich mißtrauisch ist auch das Publikum der Großstädte im Umkreis der

kleinen Heidestadt, in Bremen, Hannover, Braunschweig, Lüneburg und Hamburg.
Dieses Publikum trägt zunächst, ohne es auch nur spurweise selbst zu wissen, das Gesicht der Distanziertheit eines Tierkollektivs zur Schau, dem man ein Einzelexemplar aus einer Fremdgruppe hinzugesellt hat. Mit dem ganz biologischen Mechanismus der Revierverteidigung springt aus den vielen Augen das *eine* Gesicht: der Zweifel, was dieser Pinscher aus dem unbedeutenden Kleinstadtrevier eigentlich zu bieten haben könne; und erst wenn die Rede das Herz der Einzelnen bewegt, wenn die Information als „Aha-Erlebnis" einleuchtet, verschwindet unversehens dieses Gesicht der Menge und wandelt sich zu lebendiger Aufgeschlossenheit.

Eine andere Determinante ist die geographische Lage, in der man sich befindet. Nördlich der Elbe ist das Publikum am verhaltensten. Trotz der vielen Einwanderer aus dem Osten zeigt das Gesicht meiner Heimat sich auch in der Konkretion einer wartenden Menschenmenge in den allermeisten Fällen als verschlossen. Das Visier ist heruntergeklappt und bleibt es lange. Und wenn es sich öffnet, ist der Blick zuerst voll bohrender, immer wieder nachfragender Kritik, aber in der gelösten Zustimmung auch von ehrlicher Bereitschaft. Dabei sind sie keineswegs konservativ in ihrer Grundhaltung, diese Schleswig-Holsteiner, in aller Verdecktheit glüht gerade bei ihnen rasch der revolutionäre Geist auf, den sie zäh verteidigen. Etwas von der Grundhaltung dieses Landes

zwischen den Meeren (Trutz blanker Hans) und den Staaten (up ewig ungedeelt) lebt noch wie ein uraltes, verwittertes Gesicht in der Anfangsstimmung der Hörermenge.
Das ist vor allem längs des Rheins von Basel bis Emmerich völlig anders. Ist es das Prägende dieses Flusses, der das Gesicht der Menge beweglich macht, blank, lebendig, voll herzlicher Sympathie? Es ist das Gesicht einer bildungsfreundlichen, lebensvollen, ein wenig schillernden, nicht immer ganz bei der Sache bleibenden Frau.
Am Rhein klatscht man bereits, bevor der Redner das Pult erreicht hat. Man freut sich einfach, daß er da ist, man drückt ihm das Honorar in die Hand, bevor er etwas dafür getan hat, man freut sich dankbar über jeden Witz und überhäuft ihn mit Blumen und Titeln. Obgleich jeder Veranstalter vorher mit mir korrespondiert hat und meinen Briefkopf kennt, der keinerlei Graduierung zeigt, werde ich selten einmal nicht durch Lorbeerkränze von Titeln überhöht. „Wir freuen uns von Herzen, nach anderthalbjähriger Wartezeit nun Frau Professor Dr. Meves vom Max-Planck-Institut Uelzen unter uns zu haben", ruft eine Organisatorin triumphierend in den Saal. Kaum einer der Ankündiger schafft es dort, mir keinen Doktortitel aufzunötigen, und viele Vorredner retten sich kühn vor der Schwierigkeit, an der ungewohnten Berufsbezeichnung Psychagogin radebrechend zu scheitern, indem sie mich zur Diplom-Psychologin, zur Diplom-Pädagogin oder gar zur Biologin umfunktionieren; jedenfalls herrscht auf der ganzen Linie eine herzlich
 unbekümmerte Bereitschaft vor, mich zu einem bunten, gelehrten, be-

staunenswerten Vogel zu erhöhen, ihm willig in seinen Flügen zu folgen und die eigene Tüchtigkeit im Herbeizaubern solcher seltsamen Tiere völlig unbewußt fröhlich mit zu genießen.

Eine höchst prägende Determinante im Gesicht der Menge wird bestimmt durch die Art des Verbandes, der einlud. Nirgendwo habe ich mehr unvoreingenommene Offenheit erlebt als bei den Handwerksmeisterinnen in Überlingen, nirgendwo ist das Gesicht der Menge skeptisch kritischer als im Bereich der eigenen Berufsgruppe. Es handelt sich hier abermals um nichts anderes als den biologischen Mechanismus der Hackordnung, der im eigenen und damit eben auch im Bereich des Fachgebietes dumpf dominiert, was bei Individuen, die alle den harten Weg der Persönlichkeitserhellung durch Lehranalyse gegangen sind, besonders grotesk wirkt. Aber das Gesicht der Masse hat gar nichts mit der individuellen Einstellung des Einzelnen, nichts mit seinem geistigen Niveau und seiner persönlich wohlwollenden Einstellung zum Redner zu tun. Das Gesicht der Menge ist nicht allein eine Quantifikation von Einzelgestalten; es hat eine andere, eine eigenständige Qualität.

Ich habe in meinem Verband, dem der Psychagogen, bis in die Diskussion hinein äußerste Skepsis erlebt gegen biologische Zusammenhänge, die ich im Bereich der Psychopathologie erarbeitet hatte. Sie böten die Chance und Handhabe, daß der als „unwissenschaftlich" abseits stehende, keine öffentliche Anerkennung genießende Beruf endlich auch von den Universitäten ernst genommen würde. Ich versuchte dem Verband 1965 in München klarzumachen, wie dringlich eine solche Entwicklung nicht nur pro domo, sondern zum Vorbeugen einer kollektiven Neurotisierung sei. Sie verstanden es nicht, weil ich eine der Ihren war, eine, die bedenklicherweise die Spielregeln der Gruppe mißachtete und nicht nur in der eigenen Praxis blieb, sondern Öffentlichkeitsarbeit betrieb. Das Mißtrauen, ob hier nicht vielleicht die Lehranalyse zu kurz oder zu miserabel gewesen oder ein phallisches Bedürfnis nach Exhibition gar die treibende Kraft zu dieser Form des Arbeitens sei, hockte stirnrunzelnd, dumpf brütend auf den Stühlen des Vortragssaals. Dieselben Erkenntnisse, von einem Freiburger Professor der Biologie dargelegt, die dieser (ohne meinen Namen zu nennen) von mir teilweise geradezu wörtlich übernommen hatte, lösten ein Jahr darauf unter meinen Kolleginnen helles Entzücken aus. Sie hatten den Eindruck, daß die Wissenschaft ihre Erfahrungen bestätigte, was als ein bedeutsamer Fortschritt registriert wurde. Die Einsicht in diese Gegebenheit mußte von außen kommen!

Man kann auch in Fallen geraten: Eine Gemeinschaft junger Christen bittet mich in säuberlichem Anschreiben, sie an einer Wochenendtagung über die „Gesetze seelischer Entwicklung" zu informieren. Sie hätten zwar kein Geld für ein Honorar, aber in meiner Art des Schreibens spüre man auch, daß es mir darum nicht ginge. Sie seien alle Multiplikatoren, leiteten Jugendgruppen und wären der Information dringend bedürftig. Ich fahre. Irgendwo endet die Landstraße. Mein Auto wühlt sich durch einen sandigen Heideweg, taucht in ein hügeliges

Waldgelände ein, modrig, neblig, sumpfig. In mir singsangt meine Märchenkinderzeit: Kehr um, kehr um, du junge Braut, du kommst zu einem Mörderhaus! – Eine Hütte schließlich. Keine Menschenseele zeigt sich, die Türen sind verschlossen. Ich rufe. Schließlich sehe ich hinter der Ecke in einem von Haaren zugewachsenen Gesicht einen Mund grinsen. „Hallo“, sage ich. Das Gesicht wird zur Gestalt, kommt mit vorgefallenen Schultern, die Hände im Gürtel auf mich zu, stiert, zeigt die Zähne. Ja, sie seien hinten in der Baracke, ich könne gleich beginnen. Ich betrete einen schlampigen Raum, es stinkt mir nach monatelang nicht gewechselter Unterwäsche entgegen, immerhin auf Stühlen hängt eine Schar nietenbehoster Urwaldmenschen.
Gelegentlich taucht ein Gesicht auf aus dem struppigen Sumpfgelände der Köpfe: Erst nach Sekunden begreife ich: Diese Gesichter, in denen noch etwas Wange, etwas Kinn herausfällt – das sind die Mädchen. Sie haben es von Natur schwerer, sich vollständig zu verhängen, die Hormone sitzen ihnen eben von Natur nicht so unmittelbar um den Mund.
Diese Menge hat einfach kein Antlitz – sie zeigt die Trostlosigkeit einer unbewohnten, verlassenen, von der Natur überwucherten einstigen Kulturlandschaft. Mich packt Ursiedlerlust, Rodungsbedürfnis. In der ersten Viertelstunde meiner Rede hängen die Jungen noch obszön in ihren strammen, dreckigen Hosen über den Sitzkanten ihrer Stühle, dann rutschen immer mehr der kleinen Hintern in eine Sitzhaltung hinein, Oberkörper werden sichtbar, Augen fangen an zu blicken.

Ich zeige ihnen ihre eigene Not, ihre eigene Sackgasse, ihren eigenen Irrtum – ich schildere sie ihnen an denen, die sie „betreuen", ich mache sie zu meinen Kumpeln. Sie begreifen – begreifen wirklich. „Mensch", sagt nach der dreistündigen Diskussion einer, „wir wollten Sie doch bloß fertigmachen – was machen wir nun mit den Tomaten? Mit Ihnen kann man ja reden. Sie sind gar nicht so schlimm." Gerade dieses Kompliment hatte ich ihnen auch machen wollen, mache es auch; aber sehe dann doch, daß ich fortkomme. Der Anblick einer vergammelten Menge von Tomaten in der Kiste bewirkt das.

Nicht nur die ganz jungen Christen, die das Geld für ihre Gemeinschaften aus den Steuergeldern der Gemeindemitglieder beziehen, erweisen sich gelegentlich als Fallensteller. „Vielen Dank", sagte ein junger, bestallter Pfarrer, der mich zu einem Gemeindeabend in seine Stadt gebeten hatte, nach meinem Vortrag, „wir haben Sie auch lediglich hören wollen, um unser sozialistisches Christentum gegen Ihr konventionelles klarer abgrenzen zu können. Bereits Adorno hat uns empfohlen: Denkt genauer, denkt zu Ende, treibt mehr und gründlicher Wissenschaft. Ihre Betonung der Emotionalität bannt lediglich fest in einer Vernebelung des Geistes, durch die Religion ja erst provoziert wird. Wir haben es in der Welt der Wissenschaft nicht mehr nötig, uns dieses Opium fürs Volk aufnötigen zu lassen. Es gibt für uns genug zu tun an handfester Sozialarbeit. Wir wollen ohne Religion, ohne Bindung an einen Gott, der ohnehin tot ist, Christen sein."

Mir verschlägt es eine Weile den Atem. Ein evangelischer Pfarrer sagt dies seiner Gemeinde ins Gesicht. Ich schaue hinauf zu dem überlebensgroßen Kruzifix, das an der Wand des sakralen Raumes hängt. Neigt Christus erst jetzt sein Haupt? Stirbt er in diesem Raum – hic et nunc? Denn jenes Vorbild des aggressiven Herrn Pfarrers war kein Sozialrevolutionär. Er kündete von der *einen* Perle, dem *einen* Schatz, nämlich von der Herrlichkeit des Herrn. Und seine Wirklichkeit beweist den grenzenlosen Gehorsam, Treue bis in den Tod für den, in dessen Dienst er sich wußte und dem er sich vorbehaltlos unterstellte. Dadurch erlöste er uns.

Die nickenden Köpfe der ihrem Amtsbruder beipflichtenden jungen evangelischen Pfarrer entrutschten mir in der plötzlich einschießenden Gewalt des Schmerzes um den Wahnsinn einer solchen Verblendung, ja des Verrats. Die Schlange, die alte Verführerin zur Eigenmächtigkeit, zum Hochmut des Allein-machen-Könnens, die den Pakt mit der Materie, mit dem dialektischen Materialismus anbietet, reckt sich mir als ein feistes Reptil entgegen, füllt den Raum mit behäbigen Windungen – füllt ihn aus! Aber ich bin schließlich auch immer noch die Eva, die einstmals hereinfiel, der der ganze Schrecken der Verdammnis, der Schrecken der Fesselung in das Elend der Materie, der Veränderungsnot und der Wehen, der Geburten, der Entwicklungen und Fehlentwicklungen noch in den Knochen sitzt!

Ich ergrimme. In mir wächst eine Kraft, die mit mir selbst überhaupt nichts mehr zu tun hat; und ich nehme diese Schlange und zertrete ihren

Kopf und hämmere ihn gegen die Wand, schlage ihn, schlage, schlage. Irgendwann komme ich wieder zu mir. Die Herren Pfarrer hocken betreten-verschreckt in ihren Bänken. Man geht auseinander. Viele Menschen warten und drücken mir die Hand.

Durchaus nicht immer, aber gelegentlich doch, tappt man als Eingeladener im Aktionsraum der evangelischen Kirche eben in solche laubüberdeckten Erdlöcher, in denen man dann hilflos klemmt.
In einer majestätischen norddeutschen Backsteinkirche sehe ich in einem „Gottesdienst anders" meinen Vortrag plötzlich umrahmt von einem mit Tsching-bumm daherbrausenden, den afrikanischen Buschnegern entliehenen, verhotteten Vaterunsergetöse („die Jugend hat das so gern") und eine Schar mit Transparenten plakatierten Konfirmanden, die umschichtig Reich, Marcuse und Plack zitieren, aber anscheinend auch Selbstgehäkeltes; denn eine schmalbrüstige, hochaufgeschossene Schülerin verurteilt mit schriller Stimme die verabscheuenswürdige Prüderie der Kirche, die auch dazu führe, daß man als Frau seinen Busen nicht mehr unverhüllt zeigen dürfe.
Verwirrt versuche ich unwillkürlich bei der blassen Kleinen etwas zu entdecken, was sich in der Öffentlichkeit in der ersehnten Offenheit hätte tragen lassen.

Einmal bin ich in einen Tempelvorhof der Christenheit geraten, der von
 den Heiden längst vollständig verwüstet war – aber keiner merkte es;

und die es merkten, taten so, als sähen sie nicht: Eine brodelnde Menschenmenge hockt da in siedender Hitze und lauscht dem Papst der Psychoanalyse, umrahmt von violetten Fahnen mit weißen Kreuzen. „Das Christentum ist passé", ruft der große Meister, „es ist erstarrt in orthodoxen Lehrgebäuden, es ist nicht mehr zu retten." Der Applaus brandet hoch. „Die Psychoanalyse ist die Bewegung der Zukunft!" Ein Zuruf aus der Menge: „*Wo* sind die Psychoanalytiker?" Der Meister: „Ja, wissen Sie, das ist unser Dilemma; das liegt aber vor allem daran, daß es nur eine Schule gibt, die wirklich richtig ausbildet." Keiner lacht. Ja wer empfindet denn überhaupt, daß der große Boss einer neuen säkularisierten Vernunftreligion mit dem bis zum Platzen aufgeblasenen Ball der freudianischen Orthodoxie ein saftiges Eigentor geschossen hat?

Dem Pelagius der Psychoanalyse folgt ein John Locke der Dichtkunst. Nach einer von intuitiver Einfallslust geradezu schäumenden Lesung stanzt er unter schnauzbärtigen Beschwörungen den „evangelischen Mief", das „Irrationale, das Emotionale" und damit, ohne das zu wollen, seine ganze eigene Kunst unter der Apostrophierung „frühchristliche Jugend hungert nach neuem Mythos" ein. Erkennt er, wie gleichnishaft der Selbstmord eines Zuhörers ist, der sich unmittelbar nach seiner Lesung ereignete? Denn jener Hörer hatte nach einem anklagenden Diskussionsbeitrag über das Fehlen von Partnerschaft und Freundschaft mit dem Ausruf: „Es leben die Kameraden von der SS", ein Fläschchen Zyankali gezogen und ausgetrunken, unmittelbar eben nach

jenen Reflexionen des Dichters über einen Hund, der fast der Opferung durch seinen Herrn für demonstrative Belehrungszwecke erlegen wäre. Das Irrationale zu verdrängen, ist in solchen Situationen ganz praktisch; aber leider wissen wir, daß es sich doch immer wieder meldet – und sei es in Gestalt von Meditationen über die Melancholie.
Mir ist elend vor Angst nach solchen Introduktionen; wahrscheinlich habe ich einfach die richtige Tür verfehlt. Dies kann nicht mein Platz sein. Ich schlafe nicht in der Nacht; ich wünsche mir, daß etwas passiert, daß ich nicht in die Arena zu gehen brauche, daß ich die Aufgabe nicht zu tun brauche. Fast wäre es dann auch passiert. Ich bin bereits auf dem Weg, als ich eine schmale Kette übersehe, die den Zugang zu einer abwärtsführenden Treppe versperrt. Ich stolpere, sehe mich schon kopfüber die hohe Steintreppe hinabstürzen; da packen mich zwei Arme, reißen mich zurück. Taumelnd stehe ich, sehe in die wachen Augen meines schnell reagierenden Retters. Ich weiß nun: Es gibt kein Zurück; ich werde diesen Tag aushalten müssen.
„Aber hier wie überhaupt, kommt es anders als man glaubt.“ Nichts brodelt mehr. Verschwunden sind die Struwwelpeter, die Fernsehkameras, die klickenden Blitzlichter, die surrenden Transistoren.
Ein stilles, fast ein Madonnengesicht von Zuhörern wartet mir entgegen. Ich bin so dankbar ob dieser Veränderung, daß ich die ersten Sätze nur heiser und stockend herausbringe. Dieses Riesenantlitz der zweitausendköpfigen Menge dort unten hat große Ohren und helle Augen – es will wirklich etwas lernen, es will etwas wissen. Oh, ich werd's ihnen

schenken, mit Freude, mit Eifer. Schaut doch, ich war so fleißig, ich habe mich so für euch bereitet. Es wird ein Fest, ein großes, herrliches – und meine Schutzengel sorgen dafür, daß es um kein Jota getrübt wird: Die Zeitungen „vergessen“ darüber zu schreiben.

Veranstalter

Ob ein Abend, eine Tagung gelingt, zerrinnt oder im Desaster einer Fehlorganisation endet, hängt nicht nur von den eben beschriebenen Faktoren ab. Sie ist auch weitgehend abhängig von der Person des Veranstalters, von seinem Impetus, seiner geistigen Kraft und Einstellung und seiner Organisationsfähigkeit. In einer geradezu verblüffenden Weise läßt sich in der Öffentlichkeitsarbeit die Erfahrung erneuern: Wie der Herr, so's Gscherr, und zwar auch in den Fällen, in denen ein „Herr" mit immer wieder anderen Personen, Tagungsteilnehmern zusammenarbeitet, also keineswegs allein in den Fällen, in denen durch eine langfristige Arbeit an einer bestimmten Gemeinschaft eine feste Gruppenbildung mit einem bestimmten Gruppengeist zustande gekommen ist.

Eine Mitarbeiterin aus Hannover ist dafür ein von mir immer wieder bestauntes einprägsames Beispiel. Sie gehört zu der Schar der kraftvollen Heilerinnen, die in der Stille so Wesentliches vollbringen. Sie holt zum Beispiel turnusmäßig verschiedene Mütter, etwa jeweils 20–30, mit ihren Kindern für eine Woche in ein Freizeitheim der Lüneburger

Heide. Die Mütter werden zum Erziehen und Entspannen angeleitet, zum Basteln und Singen, die Kinder werden betreut, ohne von ihren Müttern getrennt zu werden. Zum Wochenende werden die Väter eingeladen, dann gibt es als Leckerbissen einen größeren Vortrag, einen Diskussionsabend, Gespräche zwischen Ehepaaren in Gruppen, Familienspielnachmittage.

Nie ist in diesem Gewuschel von siebzig bis neunzig Personen verschiedensten Alters unter einem Dach auch nur die Andeutung einer chaotischen Ordnungslosigkeit oder eines enthemmten Tohuwabohus festzustellen. Alles vollzieht sich mit sanftem, kraftvollem Flügelschlag. Freundlich aufgeschlossen sind durchgängig die Gesichter der jungen Mütter, und auch die Väter sitzen da, als könnten sie kein Wässerchen trüben. Die Kinder benehmen sich, als seien sie Angehörige der Kindergeneration von 1930, als sei die Belastung durch den modernen Trend der Wildwüchsigkeit ihnen niemals aufgebürdet worden. Und dieses „Klima" ist ein Ausdruck der charakteristischen Wesenheit eben dieser Mitarbeiterin. Sie hat ein weiches, frauliches Gesicht mit starken, lebhaften Augen, ihr Schritt ist fest, weitausholend und bestimmt. Sie kleidet sich geschmackvoll, ästhetisch-schlicht und strahlt eine natürliche Fröhlichkeit und Geordnetheit aus. Alles an ihren Veranstaltungen ist genauso. Schon die Verabredungen tragen diesen Stempel: Ein Brief fragt an, ein zweiter bestätigt die Zusage, ein dritter, einige Wochen vor dem Termin, umschreibt das Programm und macht Themenvorschläge, ein vierter enthält eine Skizze mit einer Wegbeschreibung zum

Tagungsort. Ein Anruf am Vorabend ist erwünschte Absicherung der Verabredung und Einstimmung auf die gemeinsame Arbeit.
Das reibungslose Funktionieren – eine Frucht der Sorgfalt der Veranstalterin – bleibt hier aber immer nur Voraussetzung und Form. Die menschliche Wärme, die uneigennützige Hilfsbereitschaft, das Stehen im Dienst der überpersönlichen Aufgabe ist der charakteristische Prägestempel in der Arbeit dieser Frau. Diese ihre Einstellung hat nicht wägbare, aber gewiß unübersehbar große Wirkung auf die, die sie betreut.
Es kann aber auch ganz anders sein. Ein Veranstalter hängt am Telefon. Er bittet mich hastend und in überstürzendem Redeschwall, zu einer Rüstzeit von Ehepaaren an einem Wochenendabend zu kommen. Ich frage nach dem Termin. Ja, übermorgen. Es hätte sich alles erst jetzt so ergeben, sie wüßten auch selbst noch gar nicht so recht, ob und wie alles klappen könne; aber irgendwie sollte man ja einmal anfangen.
In mir gluckst Heiterkeit. Ich verweise auf meinen für ein Jahr im voraus ausgebuchten Terminkalender. Ach, das wäre gar nicht schlimm, erklärt unerschüttert die Stimme aus der Leitung, dann würde man eben erst im nächsten Jahr tagen. Ja, ich möge doch den Termin notieren, gewiß, gewiß, das wäre eine noch bessere Idee. In mir will etwas warnen. Ich bitte den Herrn eindringlich, die Verabredung schriftlich zu bestätigen und sich einige Wochen vor dem Herannahmen des Termins wieder zu melden.

Das nächste Jahr beginnt. Inzwischen habe ich aufgrund des grünumkringelten Datums zehn bis zwanzig anderen Veranstaltern, die es auf dieses Wochenende abgesehen hatten, einen Korb gegeben. Wer zuerst kommt, mahlt zuerst, irgendwo muß ja die Gerechtigkeit in der Welt anfangen. Aber ich stelle dann doch voll Unbehagen fest, daß keine Bestätigung erfolgt ist, daß mir dadurch jede Möglichkeit der Nachfrage fehlt. Ich hänge mit jenem Wochenende in der Luft.
Eines Tages wieder die hastige Stimme aus der Leitung. Ob ich wohl noch an unsere Verabredung dächte? Ja, ja, ihm sei es auch wieder eingefallen. Leider habe er keinen Platz mehr im gewohnten Freizeitheim bekommen. Es sei wohl doch nicht zu schaffen – leider, er verzichte so ungern auf einen Abend mit mir. Er sei untröstlich. Ich tröste. Ich freue mich über die überraschend gewonnene Zeit, hänge ein. Nach einer halben Stunde erneuter Anruf: Es habe sich nun doch, wider Erwarten, eine Möglichkeit ergeben, in Abbensen bei Hannover. Du solltest nein sagen, fährt es mir durch den Kopf; aber beredte Untröstlichkeit ist eben auch sehr mühsam. Ich erkläre dem Herrn, daß er mich dann vom Bahnhof Hannover abholen müsse, da ich am vorgesehenen Tage von einer süddeutschen Unternehmung käme. Jawohl, jawohl – auf dem Vorplatz unter dem alten König, jawohl, jawohl.
Ich komme in Hannover an. Ich stelle mich zu Füßen des reitenden Landesherrn auf. Ich umkreise ihn – stehe, stehe. Die große Uhr läßt sich zwar viel Zeit, aber schließlich schafft sie es doch, dreißig schwarze kleine Striche vorwärts zu kommen. Ich begebe mich zur Auskunft,

finde einen Triebwagen nach Abbensen. Er fährt in einer halben Stunde. Ich telephoniere mit dem Freizeitheim Abbensen. Oh, sieh da, mein Herr Veranstalter an der Strippe, verwirrt, er habe nicht abkommen können. Er habe aber doch den Hausknecht geschickt, der sei ein vorzüglicher Autofahrer – und so geschickt. Wo er nur bliebe? Das sei gänzlich unverständlich. Stummes Händeringen. Ich entwickle meinen Plan: Er möge mich abholen, aus Dollbergen, das sei in der Nähe des Veranstaltungsortes, wie ich festgestellt hätte, auf der Strecke nach Wolfsburg. Ich führe nun also. Schrille Freude. Die Teilnehmer warteten bereits.

Der klapperige Triebwagen stoppelt in der einbrechenden Dunkelheit des Winternachmittags von Station zu Station. Er hat Verspätung. Dollbergen, eine schwache Lampe. Der Bahnhof wie ein Unterstand. Nichts sonst. Kein Auto aus Abbensen. Ich warte. Gelegentlich tauchen zwei Lichtaugen aus der Dunkelheit auf, nähern sich, huschen vorüber. Ich beschäftige mich mit Selbstanalyse. Auch Nein-sagen will gelernt sein. Was hinderte mich in diesem Fall, an einem der verschiedenen Signalpunkte mit Nachdruck nein zu sagen? Kein anständiger Analytiker hat Mitleid mit Neurotikern, denn es hilft ihnen nicht. Ich habe aber doch welches. Ich entdecke einen Bahnbeamten in einem Dienstraum, bitte telephonieren zu dürfen. Er verweist auf die Zelle an der Ecke gegenüber. Das Telephon nimmt zwar willig Geldstücke an, bleibt aber sonst stumm. Auch der Bahnbeamte hat Mitleid.

Mein Herr ist tatsächlich in der Leitung. Händeringen. Er habe verges-

sen, mir mitzuteilen, daß sein Abbensen in der Nähe von Nieburg sei – nein, eben nicht bei Wolfsburg, sondern zwischen Hannover und Bremen. Ja, er würde persönlich kommen, gewiß, gewiß; mit ein bis zwei Stunden Wartezeit müsse ich freilich rechnen.
Es ist gänzlich unfaßlich, aber ich lande sogar noch vor Mitternacht im Freizeitheim Abbensen. Ein paar Ehepaare sind auch tatsächlich trotz der atemberaubenden Organisation gekommen. Sie hören auch zu, einige wenigstens, andere gingen schlafen, einige machen sich zwischendurch auf. Manche sind wohl verheiratet, aber nicht miteinander. Jeder lebt, wie er's gerade möchte. „Ja", sagt der Veranstalter und fingert nervös am schlecht gebundenen Schlips, „leben und leben lassen – das ist meine Devise." Ich senke verschämt die Augen und blicke auf seine Füße: Auch die Schuhe müssen sich dieser Devise unterordnen, selbst die sind kein Ehepaar.

Aber während man bei dem eben beschriebenen Veranstaltertyp eigentlich nur zentnerweise Geduld braucht, muß jeder noch ungeübte Mitstreiter vor einer anderen Sorte dringend gewarnt werden; denn wenn man sich der gegenüber nicht rechtzeitig genug zur Wehr setzt, zappelt man wie ein Brummer hilflos im Netz und wird erbarmungslos bis auf den letzten Blutstropfen ausgesogen.
Veranstalter dieser Art halten einen mehrstündigen persönlichen Besuch zur Besprechung der Veranstaltung für unumgänglich. Verweist man auf die Möglichkeit einer schriftlichen Formulierung und Diskus-

sion der anstehenden Fragen, so hilft das kaum im Erstansatz. Man dringt eben unangemeldet ein, und nur ein lange trainierter Zerberus und der Anblick einer unabkömmlichen, in Praxisarbeit verstrickten Psychagogin kann langstündige Belagerungen zur Kapitulation bringen. Die Briefe, auf die dann schließlich zähneknirschend zurückgegriffen wird, sind ähnlich riesenmäulig wie die Initialstadien des Unternehmens. In mindestens fünfseitiger epischer Breite wird der Anspruch erhoben, mit dieser einen Tagung, dieser einen Veranstaltung gewiß und endgültig die Welt aus den Angeln zu heben, kollektiv, regional. Außerdem: bitte am Nachmittag eine Einstimmung auf den Abend im kleinen Kreis, danach Abendessen, allein mit dem Veranstalter („Sie können sich gewiß nicht vorstellen, was ich selbst alles auf dem Herzen habe"), dann am besten Vorstellung der Menschen mit wirklich unaufschiebbaren Problemen („wir stellen dafür einen behaglichen, beheizten Raum zur Verfügung"), danach die Großveranstaltung („falls Sie sich vorher noch einmal fünf Minuten ausstrecken möchten, werden wir Sie zwei Straßen weiter in einem gemieteten Zimmer unterbringen"), dann Diskussion (am besten ohne Pause, sonst kommen wir nicht durch). Ja, und die Honoratioren erwarten Sie dann natürlich zu einem Gläschen Wein im Bräckerbohms Gasthof. Der ist ganz vorzüglich renoviert. Schlafen werden Sie aber besser im Turmhotel, draußen vor der Stadt, dort haben Sie einen zauberhaften, weiten Blick über das Gelände. Was? Sie wollen am nächsten Morgen schon um 7.00 Uhr aufbrechen? Nein, bitte, das bringt uns total aus dem Konzept unserer Planung: Die Dele-

gation unserer Frauenverbände ist seit Monaten aufgeregt darüber, daß sie Sie wird sprechen können; denn es ist ja ein Samstag – denken Sie, was für ein Glück, wie sollte das sonst klappen können!"
Aber selbst wenn man mit der ganzen Energie, zu der Existenzbedrohung ja bekanntlich in Sonderfällen befähigt, diese Batterien von Verplanungen abblockt, bleibt es ein strapaziöses Unternehmen, Veranstaltungen mit solchen Initiatoren durchzustehen, denn wie gesagt: Wie der Herr, so's G'scherr!
Schon auf dem Weg zum Vortragssaal warten mehrere Menschen mit unaufschiebbaren Bedürfnissen, meistens sind es Veranstalter aus den Nachbarstädten, die auch, spätestens für die nächsten Wochen, eine Vortragsverabredung zu treffen hoffen. „Bitte verzeihen Sie, daß ich jetzt mit meinem Anliegen komme, aber ich kann nicht den ganzen Abend hier verbringen." Manchen treibt auch persönliches Interesse: „Entschuldigen Sie, kann es sein, daß mein Neffe und Ihr Sohn das gleiche Internat besuchen?" (Ich habe keinen Sohn.)
Es kommt auch vor, daß eine Dame enthusiastisch auf mich zustürzt und ausruft: „Sieh doch, Theodor, sie ist wirklich ganz die Mutter. – Darf ich Sie bitten, heute in unserem Heim zu nächtigen, zum Austausch alter Erinnerungen?" Man hat mich mit einer angeheirateten Nichte verwechselt. „Damals, als Sie mir den Zahn zogen, waren Sie auch schon so energisch", sagt der saalhütende Polizist und drängt mir vertraulich die schwere Pranke der Staatsgewalt auf. Ich schüttele den Kopf, zur Erklärung bleibt keine Zeit, denn von links ruft jemand: „Ihre

Bücher habe ich alle mit Begeisterung gelesen. Aber Sie, über das, was Sie da über den Paragraphen 218 geschrieben haben, muß ich noch ein Hühnchen mit Ihnen rupfen!" Ich erkläre schwach, daß dann vermutlich auch die anderen begeisternden Bücher nicht von mir sein könnten, denn über dieses Thema hätte ich mich nie verbreitet – rückwärts gewandt nur stoße ich das noch hervor, während mich die Veranstalter in den Saal drängen.

Diskussionen bei solchen Veranstaltern enden nicht. „Wir hatten ja ursprünglich vor, mit Rücksicht auf unsere Referentin, die noch zweihundert Kilometer zu fahren hat, die Veranstaltung um 22.00 Uhr zu schließen, aber ich sehe Sie alle so frisch, es stehen noch so viele Fragen an, daß ich meine, wir sollten die Gelegenheit nutzen!" Gelingt es trotz der ermunternden Zurufe der Leitenden („bedenken Sie, nach Uelzen zu fahren ist weit, und dort würde die Beratung auch etwas kosten") nicht mehr, jenseits von 23.00 Uhr die wachsende Ermüdung der Zuhörer zu überwinden, wird immerhin auf die Möglichkeit zu Einzelgesprächen nach dem Vortrag hingewiesen. Bis den schlangestehenden Müttern dann jeweils etwas gesagt ist, das weiterhilft, ist Mitternacht nahe. Pläne und eigene Sorgen des Veranstalters, Fragen, Fahrtanweisungen prasseln hernieder, bis die Autotür zuklappt. Keine Kraft mehr zum Seufzen. Anlassen, um Himmelswillen anlassen! Und dann abfahren, fliehen vor solch gutgemeinten Ratschlägen und Fragen. Ich befinde mich nach solchen Abenden manchmal im Status einer Fliege, die dem großen Netz mit letzter Kraft entronnen ist.

Aber es gibt auch die Exakten. Mit ihnen Veranstaltungen durchzuführen, ist eine Wohltat. Sachlich werden die Zuhörer am Beginn über den Ablauf informiert, Zeitgrenzen markiert. Das Ende ist meist von einer unabänderlichen, imaginären Macht bestimmt: Das Haus duldet keine Gäste jenseits der 22-Uhr-Grenze. Der Besucher hat die Chance, sich in dieser Notwendigkeit einzurichten. „Kurze, knappe Fragen bitte!" – und das geschieht dann auch in bewundernswerter Angepaßtheit. Große Menschenmengen schaffen es gewissermaßen schlagartig, sich an den Charakter und den Arbeitsstil dieses einen Menschen, der das Unternehmen leitet, anzupassen und nach seinem Willen zu handeln. Selbst wenn die Tagung paritätisch von einer ganzen Schar verschiedener Vereinsvorsitzender veranstaltet wird, gibt es doch nur den *einen* Herrn, die eine Person, die den Charakter der Menge an diesem Abend prägt. Wir sollten uns nicht einbilden, solche Urphänomene durch ein bißchen Mitbestimmung einfach aus der Welt schaffen zu können.

Nicht mit allen Exakten freilich ist die Vorarbeit reines Honigschlecken, denn leider sind viele ihrer Sorte pedantisch. Das ist erfreulich, solange sie ihren Anschreiben frankierte, mit Adresse versehene Briefumschläge beilegen; es wird aber lästig, wenn nach einer Batterie von Anfragen um schriftliche Vorarbeiten („Wir bitten Sie, uns Ihre Thesen schriftlich darzulegen, damit wir uns in unserer vorbereitenden Arbeit darauf einstellen können." – „Es ist angebracht, für die hiesigen Zeitungen rechtzeitig einen Werbeschrieb parat zu halten." – „Wir brauchen noch eine vorläufige Zusammenfassung des Referats, um eine überregionale Mitfinanzierung der Veranstaltung erreichen zu können."), wenn nach redlicher Absolvierung all dieser Zusatzlasten also schließlich die Forderung eintrifft: „Wir bitten Sie, bis Freitag, den 13. März Ihren hier am 2. September vorgesehenen Vortrag schriftlich einzureichen, damit wir ihn rechtzeitig vervielfältigen und am Eingang jedem Teilnehmer übermitteln können."

Wenn man dem Bürokratismus der Überexakten nicht gezielt begegnet, besitzt man bis zum Veranstaltungstag eine schrankfüllende Akte nur über dieses eine Unternehmen und trifft dann auf eine Zuhörermenge, die, ohne auch nur einen Blick auf den Redner zu verschwenden, mit exaktem Blätterrauschen den vorliegenden Test in sachlicher Sturheit stumpf verfolgt und dabei Druck- und Stilfehler kopfschüttelnd mit Rotstift ankreuzt.

Es kommt auch vor, daß der Veranstalter ein Clown ist. Die Menge sieht das Mehlgesicht und die buntgeflickten Pumphosen rasch, selbst wenn er sich ihr im schwarzen Stehkragenhabit eines kirchlichen Amtsträgers präsentiert. Seine heitere Bewegtheit steckt unmittelbar an – auch mich – und bewirkt gelegentlich, daß selbst noch düstere Prognosen heiter-unbeschwert verkraftet werden. Der Clown steht ja ohnehin auf einer hohen Bewußtseinsstufe in bezug auf die Realität und ist deshalb zu Recht pessimistisch. Er bewältigt seine Depression mit dem Schwung, „nun keine Zeit mehr zu verlieren und noch recht kräftig zu quinquilieren". Darüber hat der bunte Vogel keineswegs vergessen, daß er auf dem Leim sitzt und wenig Aussicht hat, daß der Kater von seinem ins Auge gefaßten Ziel abläßt. Diese Mischung von Realitätssinn und Seiltänzertum bewirkt Tiefsinn, den die Menge zur Nachahmung anregt und dankbar genießt.

Tragische Typen sind die Veranstalter, die es nicht schaffen, sich während des Vortrags mit dem Redner und seinem Erfolg bei den Zuhörern zu identifizieren, obgleich ein solches Partizipieren der sicherste Weg zum Veranstaltererfolg ist. Dennoch kommt es gelegentlich vor, daß diese einfache Möglichkeit wegen irgendwelcher alten Rivalitätsprobleme mit der von den Eltern dauernd gelobten, in widerlicher Weise vorgezogenen Schwester nicht ergriffen werden kann. Tragisch sind solche Typen deshalb, weil die Menge ein solches Verhalten begreiflicherweise nicht versteht und stirnrunzelnd darüber zur Tagesordnung übergeht.
Unter dem (auch für mein Gefühl viel zu langanhaltendem) Beifall erblaßt ein junger bebrillter Veranstalter am Pult mehr und mehr und meint dann näselnd: „Na, schön und gut, wir haben diesen Vortrag gehört – ich denke, es wird viele unter Ihnen geben, die nicht einverstanden sind; die bitte ich jetzt, sich zu Wort zu melden." Verwirrte Stille. Dann stößt ein Mutiger mit einer Sachfrage das Tor zu einer Diskussion von hohem Niveau auf, die Vertiefung der Information ermöglicht. Da nicht eine einzige oppositionelle Frage auftaucht, frage ich den Veran-

stalter später, woran denn *er* sich gestoßen hätte. „Ach, nur daran, daß sie alle so zugestimmt haben", antwortet er entwaffnend.

Unbewältigte Insuffizienzgefühle dieser Art werden auf nicht weniger unglückliche Weise auch einmal durch ein Korreferat zu zwingen versucht. Das stößt auf wenig Zustimmung. Hat der Veranstalter mehr als fünf Minuten damit zugebracht, das Referat widerzukäuen, so erhebt sich meist dumpf rumorend Unwillen und Ungeduld, nicht selten so stark, daß er sich genötigt sieht, seine Nachrede einzustellen.

Eine Abart dieser tragischen Mißerfolge ergibt sich gelegentlich (nicht immer!), wenn der Veranstalter ein kleinwüchsiger Realschullehrer ist. Diese Pädagogen neigen manchmal dazu, nach Hundemanier eine kräftigere, noch eindrucksvollere Duftmarke zu setzen, die klar zeigt, wem dieses Territorium nun eigentlich wirklich gehört. „Meine Meinung ist", ruft, auf den Zehenspitzen stehend, ein Lehrer aus „daß wir in einem Umbruch stehen. Meine Meinung ist, daß die Kinder sich nach *uns* richten müssen. Meiner Meinung nach wird es dann mit der Jugend auch schnell wieder in Ordnung kommen."

Aber so viel Biologisches im Umgang mit der Menge auch mitspielt, Imponiergehabe von sinnlos leerem Demonstrationsgeheul verfehlt regelmäßig seine Wirkung. Schade – ich wünschte sie gerade solchen Nachrednern wegen der Dringlichkeit ihrer emotionalen Sättigung an Anerkennung von ganzem Herzen.

Alle diese unbedeutenden Einzelprobleme eingeschlossen, sind Veranstalter Brüder und Schwestern auf dem Weg. Man wandert ein kurzes

Stück zusammen, trennt sich wieder und ist doch bereichert im Erinnern. Man erlebt, daß man nicht allein in dieser Arbeit an der Zukunft steht, daß viele sich im gleichen Joch wissen. Man erfährt mitmenschliche Wärme, Einfühlungsvermögen, Geleit und Dankbarkeit. Man genießt ein Stück handfestes Vollbringen. Man erfährt das Glück des Schaffens im gemeinsamen Geist.

Rednerpulte und Mikrophone

Ein schmaler, steinkopfgepflasterter Damm, ein wasserumspülter Brükkenkopf: dann Krautsand, eine Halbinsel in der Elbmündung. Burfeindts Gasthof ist das Ziel. Der Parkplatz ist mit Bussen verstellt. Aus einem Riesensaal schallt das robuste Geklapper zählebigen Steingutgeschirrs. Eine Art Bahnhofshalle mit fünf ellenlangen Tischzügen, auf denen der Kaffee dampft, umrahmt von der weiblichen Bevölkerung aus dem Alten Land. Sie müssen vollzählig gekommen sein, mehr Frauen kann so ein kleines Land gar nicht haben. Bewegte Begrüßung. Eine vom Zahn der Zeit stark mitgenommene, leere Bühne starrt mir entgegen. Ob ich zufrieden sei, werde ich stolz gefragt. Ich bin es, bin es auf alle Fälle erst einmal, bin es ohnehin meistens. Das Rednerpult müsse wohl noch aufgestellt werden, meine ich beiläufig, und das Mikrophon. Heftige Bewegung beim Vorstand, Erregung. Was? Ein Pult? Ein Mikrophon? Wozu? Nun, man wird sehen. Verzweifelte Rückkehr. Nein, dergleichen kann Burfeindt nicht bieten. Es gäbe ein paar Jungen im Dorf, sie hätten eine Band, vielleicht auch ein Mikrophon. Die Damen sind schon fertig mit ihren Schlagsahnetorten. Das

 Programm stockt. Ein Jugendlicher stürzt herein: mit Mikrophon.

Man montiert es auf der Bühne. Es ist ein Meter hoch – aber ausziehbar. Man zieht, schraubt fest. Ihm fehlt der Rückhalt, es saust zurück in die Grundstellung, Kniestellung. Im Knien habe ich noch keinen Vortrag gehalten. Es wäre denkbar, mehr wohl aber auch nicht. „Ich muß es eben ohne Mikrophon versuchen", sage ich klein und betrachte die vielen Uralten, die sich bereits mit ihren Tischnachbarn in unabänderlicher Höchstlautstärke unterhalten. Aber ein Pult brauche ich, wenigstens das. Vollendete Verzweiflung. Stieben in verschiedene Richtungen. Oh Triumph, eine hat etwas gefunden bei Burfeindts Jüngster: Ein Notenpult, ausziehbar, wackelig, metallisch. Mir ist etwas neblig. Ich kenne die Dinger. Meine Kinder klappten sie aus und ein, anderthalb Jahrzehnte lang, aber meistens traten sie durch Umfallen in Erscheinung, das Mobiliar in Mitleidenschaft ziehend. Notenständer dieser Sorte sind nicht zum Stehen, sondern zum Fallen konstruiert. Der Notenständer von Burfeindts Jüngster wird ausgezogen. Er ist für Leute von über 1,80 nicht gedacht – das Mikrophon auch nicht. Auch das Mikrophon wird ausgezogen. Es pendelt, die Schwerkraft zerrt an ihm, es schlägt zur Seite aus und reißt den Notenständer mit in die Tiefe. Die Vorstandsdamen im Altländer Dirndl richten beides wieder auf. Hilflosigkeit überwächst uns. Die Frauen im Saal bleiben ungerührt. Sie trinken Kaffee – sie haben ihren Kreisfrauentag. Ich lege mein Manuskript auf das Notenpult, halte mir aber beides sorgsam vom Leibe. Die Dame vom Vorstand mit verschwitzten Puffärmeln aus gestärktem Linon steht neben mir, ausgereckt wie ein Wegweiser hält sie

mir das haltlose Mikrophon in die Höhe des Mundes. Manchmal verstärkt es auch wirklich ein paar Sätze. Das ist ein gutes Gefühl. Wer erwartet denn schon von uns Frauen, daß wir auch noch mit *diesem* Wackelkontakt fertig werden.
Ich habe auf meinen Reisen den Eindruck gewonnen: Straßenschilder werden von Nichtautofahrern und Podiumseinrichtungen von Nichtrednern gemacht. Eine Veranstaltung kann großartig organisiert und glänzend vorbereitet sein: wie der Redner mit seinem Vortrag zurechtkommt, das wird in vielen Fällen einfach nicht mitbedacht. Das Abenteuer auf Krautsand ist kein Einzelfall. Besonders bei Veranstaltungen in Gasthäusern löst die Bitte um ein Pult oft bewegte Ratlosigkeit aus.

„Das werden wir gleich haben", ruft ein wegen der vielen Besucher euphorischer Gastwirt im Zonengrenzland aus, verschwindet und taucht nach einer halben Stunde, Spinnweben in den Haaren, mit einem verpackten, bestaubten Gegenstand wieder auf, der in alten Zeiten gewiß einmal ein Tischpult gewesen sein mag. Andere patente Herren umkleiden Apfelsinenkisten mit einer frisch gestärkten Serviette, stapeln Broschüren oder Aktentaschen zu ansehnlichen Rutschbergen auf; selbst ein nierenförmiger Mosaikblumentisch wurde mir von einer jener herzhaften Gastwirtinnen zur Verfügung gestellt, die unbekümmert einfach jeder Lebenslage gewachsen sind. All solche gut gemeinten Notlösungen können nur als solche angesehen werden, wenn man auch
 ohne Konzept der Sache gerecht zu werden in der Lage ist. Denn diese

provisorischen Gegenstände haben eine gemeinsame Eigenschaft; Sie dürfen auf gar keinen Fall berührt werden, wenn es nicht zu grotesken Stürzen und zu fehlleitendem Aufmerksamkeitsentzug bei den Zuhörern kommen soll.
Einmal, am Anfang meiner Reisen, habe ich so einem aus der Rumpelkammer hervorgezogenen Gegenstand vertraut:
Ich schildere eine psychische Fehlentwicklung, und indem ich meine Hände fest auf das Pult stütze, rufe ich: „Ein kleiner Anlaß nur ist nun nötig, und der Zusammenbruch ist da!"
In diesem Augenblick kracht das Pult vor mir nieder, und ich kann nur mit Mühe verhindern, daß ich mit ihm vornüberfalle.
In den seltensten Fällen stehen Pulte geräuschlos. Viele wackeln schon bei zarten Berührungen, andere nur bei bestimmter Gewichtsverteilung. Es ist wichtig, seinen Text im Schlaf sprechen zu können, denn oft bleibt nichts anderes übrig, als die Wackelgesetze eines Podiums während der ersten Viertelstunde durch Versuch- und Irrtummethoden gründlich zu erforschen, um zum störungsfreien Sprechen fortschreiten zu können.

In einem Schwarzwalddorf besteht das Podium aus einem handgedrechselten Holzfuß mit Sperrholzaufsatz. Leichtfertigerweise halte ich mich an ihm fest, und erst an den amüsierten und zunehmend gespannter werdenden Gesichtern meiner Zuhörer merke ich im letzten Augenblick, daß ich das Pult vor mich her bis an den Rand des Podiums geschoben hatte und nun bereits unmittelbar vor dem Absturz in den Saal schwebe.

Mit Rednerpulten kann man nicht nur nach vorwärts stürzen. Oft sind sie mit Plattformen verbunden, deren Ausmaße stramme Unbeweglichkeit der Füße hinter dem Pult verlangen.

In Bochum werde ich nur durch das freiwillige Exerzitium meines Vorredners drastisch vorgewarnt, dem Publikum nicht unversehens zu einer durchschlagenden Heiterkeitsbekundung zu verhelfen. Er ist so leichtfertig, im Ausholen zu höheren Gedankenflügen seinen linken Fuß einen halben Meter nach hinten absetzen zu wollen. Er tritt ins Leere, greift im Fallen zum Pult, was bewirkt, daß es polternd über ihn in einen fallenähnlichen Leerraum zwischen Podium und Saalboden stürzt. Glücklicherweise geht das Unternehmen mit einigen Blutergüssen glimpflich aus. Die Heiterkeit im Saal ist danach nicht mehr zu dämpfen. Zu grotesk wird die unmittelbare Nähe von Aufstieg und Fall, von Glanz und Abgrund archetypisch an solchem Erleben demonstriert. Empörung über das unzureichende Arrangement, Mitleid mit dem Geschädigten, das realistischerweise angebracht wäre, entschwinden völlig angesichts der clownhaften Szenerie, die nach Stummfilmmanier die skurrile Seite unseres Lebens handfest sichtbar werden läßt und unbezwingbare Lachstürme hervorruft.

Selten ist ein Rednerpult für Menschen über ein Meter achtzig Körper-
 länge berechnet. Ich habe schon oft darüber nachgedacht, warum das

wohl so ist. Entweder sind zu wenige Rednerpulte während des letzten Krieges aufgebrannt und stammen – vielen sieht man das auch an – noch aus dem vorigen Jahrhundert, in dem die Akzeleration bekanntlich noch nicht eingesetzt hatte; damals hatte der Durchschnittsmann eben noch eine Normallänge von 1,65 m; oder bei den vielen blitzblanken Rednerunterlagen, die den Wohlstand der sechziger Jahre atmen, haben eben kleine Herren Probe gestanden und das Maß bestimmt. Ich habe jedenfalls den Verdacht, daß das so häufig auftretende Dilemma, daß die Lesefläche sich in Taillenhöhe befindet, eine Folge der Gegebenheit ist, daß es eben die besonders kleinwüchsigen Männer sind, die sich zum Reden gedrängt fühlen; dazwischen sind dann unter den wenigen Rednerinnen gerade die superwüchsigen in der Mehrzahl, denn auch sie haben, wie die zu klein geratenen Herren, eben wegen ihrer unüblichen Körpermaße einen Minderwertigkeitskomplex, der sie an die Pulte treibt, um ihn zu übertönen – ein Mißstand, der allein für die letzteren einer ist, denn es ist gewiß angenehmer, als zu klein geratener Herr zwei Stunden auf den Zehen zu stehen (was diese Sorte Mensch ohnehin vom achtzehnten Lebensjahr geübt hat), als sich unter schlangenähnlichen Knieeinknickungsversuchen auf das Niveau jener Herrenlänge einzuebnen.
Manche dieser Pulte, die auf die Größe von Liliputanern zugeschnitten sind, nehmen einem Redner von meiner Länge erst den letzten Rest Hoffnung, sich mit ihm zu arrangieren, wenn man ihnen das Manuskript unmittelbar vor dem Beginn des Vortrags anvertraut: Es

zeigt sich, daß die Ablage einen Winkel von mindestens achtzig bis fünfundachtzig Grad hat, so daß man, wollte man den Text vorlesen, ein Auge in Nabelhöhe besitzen müßte. In solchen Fällen darf man froh sein, wenn das Pult so stabil ist, daß man wenigstens die Hände an die oberen Ränder klammern kann, um dem wachsenden Gefühl von Ohnmacht mit ein wenig Festhaltemöglichkeit zu begegnen. Ist dann freilich die das Manuskript haltende Kante nicht breit genug, so kann es geschehen, daß die nicht benutzbaren Schriftseiten im Drange der Rede mit der vibrierenden Bauchdecke in Kollision geraten und – unzureichend gehalten – sich unter die Gesetzlichkeit der Erdgravitation begeben.
In der mühseligen Auseinandersetzung mit einem solchen Rednerpult sehe ich einmal mein Publikum zunehmend belustigter auf seinen Fuß, ein kastenähnliches Monstrum auf kurzbeinigen Klötzen starren. In düsterem Unbehagen, mit der bangen Frage, was wohl die Aufmerksamkeit der Zuhörer so fessele, wage ich einen Blick über den oberen Rand hinaus und sehe gerade, vom Ventilator in meinem Rücken beflügelt, flott eine meiner Manuskriptseiten unter dem Pult hervor zu einem bereits abgesegelten Haufen gleiten. Die Zuhörer mußten den Eindruck bekommen, ich hätte die Gewohnheit, die erledigten Seiten zu Boden zu werfen. Ich wirkte wohl auf sie wie eine Art Goldesel in Makulatur. Es ist hoffnungslos, angesichts solcher amüsierenden Unvorhersehbarkeiten mit sachbezogener Aufmerksamkeit der Hörer zu rechnen.

Zwei Tage vor einer Veranstaltung ruft mich ein Pastor an: „Frau Meves, brauchen Sie ein Mikrophon?“ „Mit wie vielen Zuhörern rechnen Sie?“ frage ich zurück. „Dreißig bis vierzig“, ist die Antwort. „Wenn es nicht mehr sind, geht es auch ohne“, erwidere ich, „aber ich möchte Sie bitten, doch auf jeden Fall eins aufzustellen.“ Der Pastor, seufzend: „Ach, ach, wir haben nämlich keins!“ Köstlich! Ich rate, die Nachbargemeinde zu befragen oder sich in einem Spezialgeschäft ein Mikrophon auszuleihen, vielleicht auch einfach eines für die Gemeinde anzuschaffen? Erleichterung und Freude jenseits der Leitung über all diese Möglichkeiten.
Ich komme in den Saal – man ist bereits einmal umgezogen, der Fülle wegen. Dieser faßt vierhundertundfünfzig Personen – er ist mehr als voll. Von Mikrophon keine Spur. „Aber wir haben doch keins“, ist die hilflose Antwort. Ich weiß das bereits seit vorgestern. Hilflosigkeit ist ein fundamentaler Charakterzug und nicht einfach durch ein paar Ratschläge abschaffbar, sage ich zu mir selbst; aber wem erzähle ich das! Dennoch: ich will ihr abhelfen – und wenn auch nur ein klitzekleines Stück – stellvertretend für den Herrn Pfarrer – der Hilflosigkeit der vierhundertfünfzig Menschen – dann eben ohne Mikrophon. Ich schiebe das Pult direkt vor die Nasen in der ersten Reihe – da sitzen junge Leute, die haben keine Bazillenphobie und sind kraft ihrer jugendlichen Humanität selbst gegen meine feuchte Aussprache tolerant, die durch das laute Redenmüssen in zunehmendem Maße entsteht. Ich will sie packen, auch die in der letzten Reihe. Nach einer Stunde habe

ich den Schlußsatz zu fassen. Kein weiterer ginge mehr. Als ein ausgebranntes Aschehäufchen falle ich zurück auf den Stuhl; neben den Pastor. „Na sehen Sie", sagt der, es ging doch, das hat bestimmt jeder verstanden." Die Stimmbänder geben nichts mehr her, glücklicherweise! Womöglich hätte ich dem Herrn Pfarrer geraten, sich ein Mikrophon anzuschaffen.

Aber auch große Sorgfalt der Veranstalter auf dem Sektor Mikrophon ist keine Garantie dafür, daß es nur in seiner Funktion als Tonverstärker in Erscheinung tritt. Manchmal bringen diese technischen Wunderdinger es zu erstaunlichen kreativen Leistungen: Rauschen, Hallen, Singen – freilich monoton auf dem hohen d –, auch sirenenartiges Aufjaulen bis zum Pfeifen auf e-is bringen sie zustande. Ein Magier am Schaltkasten mit Knöpfen und Hebeln scheint mit solchen Vorgängen etwas zu tun zu haben. Meist sieht man ihn nicht, er bleibt der große Unbekannte in all seiner Hebelkunst.
Nur in Köln trat er in Erscheinung – aber auch nur genötigt durch den Zwang der äußeren Situation und seiner inneren Emotion; und das war so:
Ich stehe harmlos am lautverstärkenden Pult und rede in einem mir freilich fremd klingenden Tonfall, als eine unsichtbare Hand mir einen Zettel zuschiebt. Ich erkläre gerade, inwiefern die Kinder es heute schwer und schwerer haben, sich mit Genauigkeit und Gründlichkeit der Erarbeitung eines neuen Lerninhaltes hinzugeben, während ich

gleichzeitig mühsam entziffere: „Sprechen Sie *genau* ins Mikrophon! Wenden Sie den Kopf dazu nach rechts, senken Sie ihn, die Lippen dürfen nicht mehr als drei Zentimeter vom Apparat entfernt sein!“ Na ja. Ich gehe auf Mundfühlung mit dem Drahtmonstrum, ich senke mich zu ihm herab, ich reiße die Augen auf, verdrehe die Augäpfel nach oben, um meine Zuhörer auch noch im Blick zu behalten. Ach, ich fühle, der Lernprozeß gelingt mir nur ungenau.

Da: der zweite Zettel, mahnend, unwirsch: „Warum bleiben Sie nicht am Mikrophon?“ Ich pariere. Jetzt jault nicht nur die Sprechanlage, sondern auch mein Halswirbel. Ich *kann* eben nicht. Ich rede von etwas, was die Kinder können.

Dritter Zettel: „Merken Sie nicht, daß Sie über das Mikrophon hinaussprechen?“ Soll sich doch freuen, der Kerl, daß ich nicht über die Köpfe hinwegrede! Ich bin gerade bei der Aggression und denke zähneknirschend etwas Goethisches, Berlingisches, tiefenpsychologisch ausgedrückt: Anal-Aggressives.

Die Apparatur kreischt. Einige Damen halten sich die Ohren zu. Eine energische Blondine schreitet zur Tat: Sie entstöpselt das Kabel, das sich zu ihren Füßen ringelt, eilt mitleidig lächelnd und ergrimmt zugleich auf das Pult zu und jagt die unzureichende Lärmmaschine mit einem eleganten Handschlag zur Seite. Nun höre ich heute abend zum ersten Mal meine eigene Stimme. Alle atmen auf. Wie erlösend: Einige klatschen – zu früh! In fliegenden Amtskittelschößen und mit unheilschwanger gekrausten Brauen stürzt wer herein, auf mich zu, reckt den

Sprechschnorchel drohend zu mir hin und brüllt: „*Das bleibt da stehen!*"
Er enteilt ähnlich geisterhaft wie Samuel im „Freischütz"; die blonde Eva in der ersten Reihe lächelt sphinxhaft, gelassen; viele glucksen. Man ahnt den Magier hinter den Wänden, man ahnt sein Drehen, Schütteln, Hebeln. Ich hoffe auf seine Resignation, auf meinen störungsfreien Abend. Da – Samuel erscheint ein zweites Mal – eine Wetterwand. Er ruft: „Der Kontakt ist gestört!" Es klingt wie die siebente Posaune. Ich danke ihm für seine Bemühungen: Es ginge auch so, wir kämen zurecht, gewiß, gewiß, ja ganz gewiß. Samuel versinkt, versinkt wirklich endgültig.

Mikrophone können auch zu gut sein. Seitdem ich das weiß, bin ich vor Großveranstaltungen sorgfältig in der Auswahl meiner Nahrungsaufnahme. Aber ich mußte das erst erfahren. Vor einer katholischen Mammutveranstaltung nehme ich mit einem Zölibatär, einem lebensgetreuen Abbild des genußfreudigen Don Camillo, ein opulentes Gastmahl ein: französische Zwiebelsuppe, köstlich sprudelnder Champagner, Edelmatjes in Mayonnaise mit Edelrotkraut und Röstkroketten, Eiskaffee mit Sahne zum Abschluß. Danach in zügigem Tatendrang aufs Podium.
Unbekümmert stoße ich angesichts des menschenvollen Riesensaales einen meiner verstohlenen Initialseufzer aus – und lausche verstört: Aus
 den mäuligen Lautsprecherkanälen an den Wänden jammert ein Wind,

schwillt an, entlädt sich säuselnd über der Menge wie der Auftakt zu einem Orkan. „Ich werde flüstern müssen“, denke ich beengt. Ich versuche zarthauchend die Anrede. Meine Stimme brüllt in den Saal. Ich trete weit zurück; aber auch dieses Podium billigt mir nur einen Quadratmeter Fußraum zu. Ich schaffe in unterkühlter Zurückhaltung schwitzend die Einleitung, will eine kleine, effektvolle Pause einlegen, um dann direkt ins Zentrum der Probleme vorzustoßen – da gerät mir die Kohlensäure meines Sektes aus dem Grund meiner Innereien unversehens zwischen die Zähne und entweicht als manierlich zivilisierter Rülpser. Im Saal hört es sich an, als platze ein Luftballon. Während ich um die Verbesserung meines Abstandes zum Mikrophon ringe, brechen sich Matjes, Rotkraut und Mayonnaise in bunter und im Grunde angenehmer Erinnerungslust, vom Sektsprudel animiert, aufstoßend ihre Bahn. Der Saal beginnt zu schmecken, nach Essigfisch, nach Kohl – lang und anhaltend –, schließlich ganz unverkennbar nach gutem edlem, Bohnenkaffee. Die Damen schnuppern. Ich bin irritiert. Dieses verfluchte Mikrophon! Ich komme zum Schluß. Die Damen entströmen der flügeltürigen Halle – da warten sie schon: ein Heer von eifrigen Serviererinnen. Der Kaffee dampft in den Schalen.

In Oberhessen gibt es Dörfer, in denen, so scheint es, die Zeit stehengeblieben ist. Da gibt es Kirchen, deren Glocken, am Seil vom Küster bewegt, zur Festversammlung auf dem Marktplatz rufen. Eng gedrängt sitzt man dann dort auf Holzbänken: Frauen mit zu Krönchen hochge-

bundenem Kopfhaar, der knielangen, schwarzröckigen Tracht und den grobgestrickten weißen Baumwollstrümpfen. Manche kommen mit Ochsenkarren, andere im Pferdewagen, die meisten zu Fuß.
Dort auf dem Marktplatz sitzt auch auf erhöhtem Podest ein stattlicher Posaunenchor, und dann wird, von ihm begleitet, gesungen, daß es nur so über die hessischen Berge und kraftvoll in den blauen Himmel hineinschallt.
Merkwürdig fremd und fast unschicklich in so viel unverwüstlichem Bewahrungswillen reckt sich aber doch tatsächlich zu Häupten des wackeligen Rednerpults eine Erfindung des zwanzigsten Jahrhunderts: ein Mikrophon. Es soll mich verstärken, und das ist auch nötig in all der windkräftigen Frühsommerbläue. Das Pult steht vor einem grünbemoosten Gartenzaun. Man hat seinen säkularen Besitztriebcharakter ein wenig zu verhängen versucht für das große Fest, indem man eine Reihe von geflickten Bettlaken, säuberlich aneinander genäht, über diesen Zaun hängte. Sie blähen sich nun im Wind und bilden eine sanfte Streichelwand in meinem Rücken. Über dem Pult steht ein herrlicher Lindenbaum in voller Blüte. Die Bienen umschwärmen ihn. Sie umschwärmen nicht nur ihn. Einige fühlen sich durch das glitzernde Metall des Mikrophons zu lustvoller Zuneigung und Honigsuche angeregt. Es ist ein sehr, sehr gutes Mikrophon in diesem Dorf im Hessischen. Denn die Bienen, die sich ihm nähern, summen so laut, daß ich meine Rede unterbrechen muß, bis auch sie fertig sind mit ihrem lautsprecherverstärkten Posaunensolo zum Lobe des Herrn.

Meine Straßen, meine Autos

Zwölf Räder unter insgesamt drei fahrbaren Untersätzen mit Verbrennungsmotor haben mir die vielen Reisen durch die Bundesrepublik in Sachen Zukunft ermöglicht. Nein, ich muß diese Ausdrucksweise zurücknehmen; sie ist unangemessen, sie wird den drei Autos, die mich ohne Unfall fuhren, nicht gerecht, sind eine Beleidigung für sie. Als einsamer Autofahrer wird man mit seinem Wagen ungemein vertraut. Er bekommt fast so etwas wie eine Seele. Er ist wie ein guter, verläßlicher Kamerad, ein erweitertes Ich, ein Refugium der Geborgenheit.

Mein erstes Auto hat schon eine Seele, als ich es bekomme; denn es hatte einen seelenvollen Vorbesitzer, der mit ihm umging, wie mit einer ihm wertvollen Frau. Das beste Benzin, die beste Pflege, ja sogar ein Teppich in der Garage waren ihm gerade gut genug für diesen seinen kostbaren Besitz. Als ich das Auto übernehme, mache ich ihm auf unserer ersten gemeinsamen Reise klar, daß es nun in einer anderen Funktion stehe. Als Liebhaber tauge ich schon allein deshalb nicht, weil ich eine Frau sei, dazu eine im Apostolat. Ich müsse ihn auf missionarischen Dienst umfunktionieren und würde ihn deshalb auf den Namen „Bonifatius“ taufen. Zuerst scheint das akzeptabel; der Wagen surrt gemäch-

lich vor sich hin. Aber dann fängt es plötzlich an, unter der Motorhaube zu dampfen, zu zischen, zu sprudeln. Verstört halte ich an. Das Wasser kocht. Ich habe einen Schalter falsch bedient. Ich renne ins nächste Haus an der Straße, bitte um eine Kanne Wasser und gebe einen Schlag voll hinein. Wildes Zischen, Schwaden von Dampf. Beim kreativen, Urwesen erzeugenden Zusammenprall von Niefelheim und Muspelheim im germanischen Schöpfungsmythos hat es bestimmt nicht weniger gezischt. Ich halte nachdenklich inne. „Bonifatius“, sage ich, „Du wirst dein Heidentum jetzt endgültig aufgeben müssen. Dein Namensvorbild tat das auch, er ging und bekehrte diese wilden Germanen hier in der Gegend mit ihrer verqueren Mythologie. Auch in der Genesis dampfte es am Anfang – aber mit den Nephilim, den Urriesen, diesen renegatenhaften Titanen, hat unser Gott nichts im Sinn – er schuf gleich den Menschen sich zum Bilde in der Hoffnung auf einen gehorsamen Knecht und sorgte auch dafür, daß Adam so klever war, daß er es schließlich so weit brachte, das Auto zu erfinden. Gehilfen dieser Art waren eingeplant, und einer davon bist du, wisse das!“
Dann taufe ich Bonifatius. Er zischt nicht mehr. Er hat bis zu seinem undramatischen Tod an Altersschwäche unermüdlich seine Pflicht getan.

Zephir, mein zweites Auto, ein hellblauer Ford-Taunus, ist ein wenig dümmlich, obgleich ich ihm mit Farbe und Namensgebung die Dominanz des geistigen Aspektes in seiner Aufgabe (Himmel und Wind sind tiefenpsychologisch Symbole des Geistes) einzustanzen hoffe. Er tut zwar unbeirrt brav seine Pflicht; aber er hat kein intuitives Gespür für Situationen wie Bonifazius, der sich zum Beispiel bereits abwürgte, bevor die majestätischen Hirsch- oder Rehrudel der Lüneburger Heide die Straße auch nur betreten hatten. So erlaubt sich Zephir auf dem Weg zu einem hochinteressanten Symposium im kleinen Kreis mit Carl Friedrich von Weizsäcker, Konrad Lorenz, dem Supergenie unter den Philosophen Schmitz aus Kiel und Görres, dem großen Christen aus München, hoffnungslos abzubauen und mit einem Bruch des Stirnrades am Straßenrand liegenzubleiben. Ich habe ihm das verziehen (habe, als mir meine mangelnde Bereitschaft dazu bewußt wurde, auch noch lange dicke Gelder in die Opferstöcke der Reparaturwerkstätten getan); aber irgendwann hatte er dann doch in Ehren ausgedient.

Seitdem steht Anatol in meinen Diensten. Er ist in der Tat kräftig wie der Aufgang der Gestirne, er leuchtet wie sie, bei Tag durch das milde Weiß seiner Lackfarbe, bei Nacht mit der durchdringenden Kraft all der bewußtseins- und straßenerhellenden Lichter, die ihm montiert sind. Er ist nüchtern, verläßlich und zieht einfach alles: sich selbst, meine Bücher, meine gehetzte Ungeduld, mein sorgenbeschwertes Herz nach anstrengenden Arbeitstagen. Er ist ein Kumpel nach meinem Herzen. Sein Locus minoris resistentiae ist der Scheibenwischer. Mit ihm zeigt er mir gelegentlich – manchmal mit semperndem Quietschen –, daß die Grenze des selbst für einen guten Kumpanen Ertragbaren erreicht ist; dann verweigert er mir das sichtklärende Spritzwasser oder läßt seine Scheinwerfer so zumatschen, daß er auf diese Weise die Notwendigkeit zur Fahrtunterbrechung zwingend signalisiert. Aber das sind Sondersituationen und für ein Auto in der Tat nur zarte Winke mit dem Zaunpfahl. An sich ist er hart im Nehmen und täuscht keine hysterischen Schwächen vor, die sich auch seine Insassen nicht zubilligen. Das ist nötig, denn es kommt nicht selten vor, daß alle mobilisierbaren Umstände sich gegen uns verschworen zu haben scheinen:

In Börry soll ich einen Vortrag halten, abends um 19.30 Uhr. Ich finde es nicht auf der Karte; irgendwo ein Nest in der Lüneburger Heide, schätze ich, das wird eine jener gemütlichen Abendveranstaltungen mit kurzer Fahrdauer.
Um 17.00 Uhr geht der letzte Patient. Ich finde Börry doch auf der Karte: Es liegt an der Weser, vor Höxter. Anatol und ich sausen los. Gesegnet sei die B 191 zwischen Breitenhees und Celle. Sie ist *wirklich* ein Schnellweg, autoleer, menschenleer, hasenleer.
In Celle komme ich einfach gar nicht erst in die Stadt hinein. Die haben da irgendwo inmitten eine Ampel. Ab 16.40 Uhr putzt sie das flutende Blechheer einfach nicht mehr weg. Zu Fuß wäre man schneller am anderen Ende der Stadt. Mit dem Wagen schaffe ich es in vierzig Minuten. Aber auch danach läuft alles fahrplanmäßig, wie es sich für eine Fahrt unter Zeitdruck gehört: Die Schranken sind geschlossen – ein Güterzug rangiert gemächlich hinter ihnen. Ampeln fordern Stop mit giftigem

Rot. Ein altersschwacher Laster fährt schnaufend über einen endlosen Straßenabschnitt mit Überholverbot. Eine Wagenschlange, die in geduldigem Trott alles Gashebeln zunichte macht, beschimpft mich blinkend, als ich dazu übergehe, in letzter Verzweiflung kolonnenhüpfend mein Klassenziel zu erreichen. Hätt' ich doch ein Schild im Heck: Vergebung, bin *so* im Druck, 19.30 Uhr in Börry Vortrag, unaufschiebbar! Würden sie mir verzeihen – die Männer auf den Führersitzen, meine Geschlechtsgenossinnen? Eine Frau am Steuer genießt nicht mehr die Privilegien des Patriarchats, sie wird zum Konkurrenzunternehmen wie alle anderen Verkehrsteilnehmer, manchmal sogar zum noch stärker bekämpften Objekt. „Was, das Weib maßt sich an, mich Mann zu überholen? Das wollen wir doch erst einmal sehen!" Und dann wird der Gashebel durchgetreten. Solch ein Kopf-an-Kopf-Rennen kann enorm gefährlich sein; ich breche es sofort ab, wenn die herrschsüchtige Absicht erkennbar wird. Sollen sie doch herrschen, die Herren. Ich gönn's ihnen von Herzen, wenn sie mich nicht daran hindern, vorwärts zu kommen. Aber der arme Kerl vor mir hat sein Tempo auch verdoppeln müssen, verkrampft klemmt er am Steuer, gefangen im Sog seines Triebes, der Stärkste, eben das Alphatier zu sein. Jedem seine Gefangenschaft.

Merkwürdig, dieses Autofahren mit der Fülle seiner Konflikte, die in *stummen* Ritualen erledigt werden! Wie wohltuend führt die Schwierigkeit, verbalen Kontakt miteinander aufzunehmen, in eine Isolation, die der Möglichkeit zu verletzender Wut einen Maulkorb aufnötigt.

Bei Rethem eine Umleitung. Holpern in der Finsternis, kein Schild weit und breit, kein menschliches Wesen. Umleitungen im Dunkeln (manchmal auch im Hellen) bedeuten Irrgänge ins Straßendickicht. Sie führen immer hinein, selten heraus. Ich weiß nicht, warum das so ist, so grundsätzlich. Vermutlich fehlt in den Ämtern eine ausreichende Zahl solcher Zusatzschilder, wenn sie plötzlich nötig werden. Vielleicht sind die Amtsgewaltigen, die den Bedarf auf diesem Sektor bestimmen, noch vom alten Beamtentyp, der das Säckel zuhält – mitten im Vergeudungsstaat. Wie tüchtig, wie heldenhaft! Aber die würde ich dem Rechnungsprüfungsamt zuordnen. Das Straßenverkehrsamt sollte mit spendierfreudigen Beamtentypen gefüllt werden, um verzweiflungsvollen Irrwegen im Dunklen abzuhelfen. Ich treffe bei Rethem auf ein parkendes Auto, springe heraus, klopfe an die Scheibe, frage: „Nach Pattensen?“ Ein freundliches Ausländergesicht neben einer verrangelten Dorfschönen. „Baadenseen?“ Ja, da wolle er auch hin. „Ich vorfahren – Du hinterher.“ Ich fahre den Schlußlichtern nach, endlos in Bangnis, wo führt der Mensch mich hin? Keine Straßenschilder, keine Nummern, nichts Gelbes. Der Wagen stoppt. Mein Helfer läuft auf mich zu, radebrecht, schüttelt den Kopf, schlägt die Hände zusammen. Gestikulierende Ratlosigkeit. Mehr verstehe ich nicht. Ich danke ihm halsklosig, schwitzig, holpere vorwärts.

Da – vier Kilometer weiter ein Schild: die Abfahrt nach Pattensen. Aber Pattensen ist nicht Börry, oh nein. Da gibt es noch eine schier endlose Fülle weiterer Kurven, als „outstanding beautiful scenery“ sind sie in meinem Shellatlas grünrandig hervorgehoben. In der Finsternis sind sie ein Labyrinth, die Roß und Mann höchste Konzentration abnötigen. 19.40 Uhr; Börry scheint ganz nahe. Schnaufend treffe ich an einer zweideutigen Kreuzung auf ein weiteres Exemplar der in solcher Gegend nur selten in Erscheinung tretenden Spezies Mensch und schreie ihm meinen Hilferuf in Sachen Börry in verklemmter Eile über die Straße. „Nach Börry?" Er lacht. „Da fahren Sie man schön langsam, sie müssen über die Berge, zwei gleich, 'rauf und wieder 'runter. Das sieht auf der Karte nur so aus, als wär's nah, die Straße besteht nur aus Haarnadelkurven." Ich fahre, ich kurve. Eine Achterbahn ist nichts dagegen. Ich sehe doch „tatsächlich" (?), wie ein Hase und ein Fuchs sich gute Nacht sagen. Die Heizung im Auto ist ausgefallen. Hat Anatol kalte Füße bekommen? Ich jedenfalls kriege welche auf diese Weise. Ich komme an. Erstaunt. Die Damen sind es nicht. Sie haben den Beginn sowieso um eine halbe Stunde verschoben. Sie sitzen gemütlich da und essen alle erstmal ein Eisbein mit Sauerkraut und Erbsenpürree. Ich habe zwei Eisbeine. Ich fühle mich durch und durch pürriert. Sauer werde ich so leicht nicht.

Erstaunen packt meine Hörer hingegen, wenn sie erfahren, daß ich in der Nacht noch wieder heimfahren werde, was freilich selten dazu führt, mich gegen Verzögerungen abzuschirmen. Gelegentlich ist dieses Bedauern auch berechtigt, aber durchaus nicht immer. Nachtfahrten bei klarem Wetter sind ein hoher Genuß. Die Straße ist frei und bekannt,

Anatol riecht den Stall. Der Mond beglänzt eine hindernislose Silberspur. Ich singe.

In den Anfängen meiner zusätzlichen Nachtarbeit habe ich es für ausreichend gehalten, den Namen des Veranstaltungsortes und die Straße zu kennen, in dem der Vortrag stattfindet. Die schweißtreibende Mehrbelastung des Suchens in einer nächtlichen fremden Stadt vor einem Vortrag hat mich eines anderen belehrt. Nach 19.00 Uhr gibt es selbst in der City der Großstädte keineswegs noch Menschenmassen. Die Straßen sind leer, leergefegt schon ganz und gar, wenn ein Fußballspiel oder dergleichen im Fernsehen übertragen wird. Und selbst die Entdekkung eines Zweibeiners berechtigt keineswegs zum Aufblühen euphorischer Hoffnung. Ausländer, die überhaupt nichts begreifen, sind wesentlich weniger gefährlich als etwa eine freudig hilfsbereite Dame mittleren Alters, die zwar nicht weiß, wo die Stadthalle ist, es aber doch unbekümmert vorgibt. „Doch, die Stadthalle, die ist neu gebaut, die ist draußen am Stadion; da kehren Sie erstmal um – immer geradeaus, immer, immerzu, dann links ab. Sie kommen direkt darauf zu, is nich zu verfehlen." Mühsames Kehrtmanöver. Geradeaus. Ach, so viele Möglichkeiten, nach links abzubiegen, schließlich ein Schild: Stadion; aber rechts. Na ja, rechts und links läßt sich leicht verwechseln. Das Stadion. Daneben eine Halle. Dunkelheit entwächst ihr. Es ist die Viehhalle. Brüllen wie ein Ochse müßte man können. Aber ihm hilft das auch nicht – auf ihn wartet der Bolzenschuß, auf mich eine Menge

von Zuhörern. Es ist 19.53 Uhr. Ich werde weiter suchen. Ich werde sie finden.
Solche und viele ähnliche Erfahrungen haben mich gelehrt: Nur eine kleine Auswahl der Spezies Mensch unter den Passanten bietet die Aussicht, eine Auskunft zu geben, aufgrund derer man den Vortragsort auch wirklich findet. Junge Mädchen sind von rundäugig staunender, immer wieder staunenswerter Ignoranz, ahnungsloser meist als Ortsfremde. Frauen kennen zwar manchmal die Straße, sind aber unfähig, den Weg zu beschreiben. Männer über 70 sind häufig schwerhörig. Männer zwischen 50 und 70 sind oft so umständlich, daß man in dem Wust der genauen Einzelheiten einen Merkfähigkeitszusammenbruch erleidet. Die einzige infrage kommende Gruppe ist die der 20- bis 50jährigen Wesen männlichen Geschlechts; Betrunkene, Poeten und Verwahrloste ausgenommen. Die erkennt man am Gang. Die ersten torkeln, die zweiten wippen auf den Zehen und haben den Blick zu den Schwalben gerichtet, die letzten schlurfen daher in vorgebeugter Kopf- und Schulterpartie. Spart man all diese Sorten aus, hat man einige Chancen auf klare Auskunft. Da aber das Suchen nach einem geeigneten Exemplar zur Wegbefragung erkleckliche Zeit in Anspruch nimmt, lasse ich mir von den Veranstaltern Fahrtskizzen anfertigen. Falls die tüchtigen Sekretärinnen selbst Autofahrer sind und infolgedessen schon einmal etwas von Behinderungen durch Einbahnstraßen gehört haben, falls sie rechts und links unterscheiden können oder noch besser: einen Ehemann zwischen 20 und 50 haben, der die Sache für sie am Feierabend

übernimmt, steigen die Aussichten, den Versammlungsort zu erreichen, zu eklatanten Wahrscheinlichkeitsgraden an.
Und wenn alle Stränge gerissen zu sein scheinen, wenn man irgendwo um 20.10 Uhr die Auskunft bekommt: „Da sind Sie aber ganz falsch" und ob dieser Neuigkeit am Steuer zusammensackt, dann geschieht manchmal auch ein Wunder:
Der Passant erweist sich als ein Engel, er klappt erbarmungsvoll-eilig seine Flügel zusammen, öffnet die Autotür und sagt: „Passen Sie auf, ich bringe Sie hin und gehe dann wieder zurück. Mir tut's ganz gut, 'mal ein wenig zu laufen." Ich vermute, sie greifen dann heimlich doch aufs Fliegen zurück, nachdem sie mich zielgerecht abgesetzt haben, diese Engel. Für Engel und Autofahrer ist das Zufußgehen heute eine nicht mehr zumutbare Bewegungsform geworden.

Die treuen Begleiter

Manchmal werde ich auch gefahren. Ich sitze dann, die Hände im Schoß, in einem weichen, roten Polster und genieße es, einen Chauffeur zu haben, einen, der alles weiß, der jede Straße kennt, der instinktsicher ahnt, was selbst ein total zugeschneites Schild für eine Aussage zu machen hat, der immer rechtzeitig ankommt, ohne daß ich auch nur einen Finger krumm zu machen brauche. Darüber hinaus teilt er redlich seinen Reiseproviant mit mir, die ich immer brotlos reise und deshalb häufig einen ganz tierischen Hunger entfalte. Der Proviant ist lukullisch, in einer je nach Jahreszeit kühlenden oder wärmenden Maschinerie verpackt, liebevoll von der im Geist mitreisenden Ehefrau meines Chauffeurs arrangiert und ausgewählt – in differenzierter Kenntnis meiner Vorlieben und Bedürfnisse –, und das alles ohne beklemmend tickende Taxiuhr, alles kostenlos, alles aus reiner Liebe. Ja, das gibt's nur einmal; aber es ist keineswegs alles. Mein Chauffeur ist nicht nur von respektvoller, vollendet höflicher Fürsorglichkeit – er ist auch von atemberaubend lebendigem Geist. Auf der Autobahn im Tempo 160 daherfliegend, entwickelt er rasch in ebenso genialem Gedankenflug das Konzept für ein neues Buch, für eine Rundfunkserie, für ein Fernsehstück oder bereitet in Windeseile die Tagung vor, auf die wir gerade in ebensolcher Eile zusteuern. Denn mein Chauffeur übt diesen Fahrdienstberuf nur nebenamtlich aus, von Haus aus ist er Wissenschaftler, Biologe, noch genauer wäre es, zu sagen Professor; denn das heißt Bekenner.

Auch mein Chauffeur reist, wie ich, in Sachen Zukunft, und das ist das Eigentliche, was uns verbindet, von seinem Silberauto Tonia und einer langjährigen Freundschaft abgesehen. Auf den Tagungen, zu denen wir gemeinsam gebeten werden, sind wir auf Duette eingestellt. Ob es sich um die Aggression, den Besitztrieb, die Liebe oder gar um den Sündenfall handelt – wir sind ein Artistenpaar und darauf eingestellt, uns die Bälle zuzuspielen, um die Phänomene jeweils von unseren Fachbereichen, der Biologie und der Psychologie, her zu beleuchten und über Erkenntnisse zu informieren, die Laien unbekannt sind. Das zustande gebracht zu haben in dieser Doppelbesetzung und Korrespondenz, das macht außerordentlich zufrieden.

Wenn wir heimfahren, oft durch die Nacht bis ins hessische Schlitz, wo der Herr Professor zu Hause ist, freuen wir uns am Gelingen, machen gegenseitig Vorschläge zur Erweiterung oder Verbesserung des Programms, tauschen unsere Eindrücke aus.

Dieses Glück über einen sinnvollen Tag, das ja nicht nur uns, die beiden Referenten, sondern wie es deutlich in Erscheinung tritt, auch die Gruppe erfüllt, zu der man uns rief, ist ein ganz ungewöhnliches, durch einen Einzelvortrag nie zu erreichendes Phänomen. Es hat etwas damit

zu tun, daß die Vielheit der Einzelfakten zu einer Einheit zusammenfließt, die eine erhellende Wirkung entfalten kann. Das ist gar nicht die Folge besonderer Fähigkeiten, sondern der Konstellation. Die Fülle der wissenschaftlichen Erfahrungen im Bereich zweier so verschiedener Lebewesen wie der Tiere und der Menschen, dazu die Polarität der Besetzung und unser Wille, ein gemeinsames Ziel, den Sinn der Schöpfung, deutlich zu machen und damit die Hoffnung auf Zukunft zu nähren – das alles wird in einer winzigen Nische des Lebens hier, in der Zeitspanne von nur wenigen Stunden, bewußte Wirklichkeit.
In der Katholischen Akademie in Augsburg findet im Anschluß an eine solche Arbeit in jedem Jahr eine Eucharistiefeier statt, die der Weihbischof Müller gestaltet. Sie bedeutet mir wunderbaren Höhepunkt, Lohn, der „reichlich lohnet".
Manchmal kommen wir aber dennoch nur unter großen zusätzlichen Anstrengungen an. Das geschieht, wenn wir ein Problem zu intensiv diskutieren. Dann verpassen wir einfach die Ausfahrten auf der Autobahn und schießen fluchend und seufzend übers Ziel hinaus. In solchen Fällen pflegt die nächste Ausfahrt gesperrt zu sein – wenn schon, denn schon. Die Eisenbahn ist in dieser Hinsicht noch verführerischer: Ein Schloß in Österreich bei Klagenfurt hat uns eingeladen. Wir fahren, fahren, fahren. Mehrere Manuskripte haben wir unterwegs schon zusammengeschrieben. Der Zug hält. Er hält sehr lange. Mir schießt der Gedanke durch den Kopf: Sollten wir vielleicht am Ziel sein? Aber wozu hat man einen so tüchtigen Manager. Der hat gerade einen genialen Einfall,

in dessen Zyklonenstrudel ich gerate. Mitten im Höhenflug fällt uns ein Schild in die Augen: *Klagenfurt* steht da deutlich zu lesen. Wir raffen zusammen, was sich raffen läßt, ich entspringe dem Zug. Koffer und Mäntel sausen auf den Bahnsteig.
„Die Schreibmaschine!“ ruft mein Manager und eilt in den Zug zurück. Der fährt an, entwindet sich langsam der Halle:
Da stehe ich, umgeben von Utensilien – drei fehlen: Ein Mann, ein Hut, eine Schreibmaschine.
Da – jenseits der Halle öffnet sich eine Zugtür, drei Dinge entschleudern sich dem Waggon und verrollen auf dem Perron: Ein Hut, eine Schreibmaschine, ein Mann. Und alle drei sind heil, nur ein wenig bestäubt, nur ein wenig bebeult.

Mein treuester Begleiter ist meine Freundin Charlott'. Sie hat zwar einen ihre ganze Person ausfüllenden Beruf, der sie oft erst am späten Abend entläßt; aber sie kann es eben eigentlich gar nicht aushalten, mich nachts allein durch die Dunkelheit kurven zu lassen. Mit Verlegung der unerledigten Berufsarbeit ins Wochenende, mit Drücken, Schieben und Kneten schafft sie es meist doch, die Zeit für den langen Reiseabend herauszuschlagen.
Ich hole sie von ihrem Arbeitsplatz, unserem supermodernen Kreiskrankenhaus, ab. Da steht sie schon – klein und blaß, ein schmaler Punkt in der Lichtfülle der Eingangshalle und klettert mit einem erleichterten Seufzen auf den Beifahrersitz. Zu Anatols Surren gesellt sich Katzen-

schnurren, die genüßliche Freude über unser Beieinandersein. Wir haben uns immer viel zu erzählen, Lustiges, Sorgenvolles, Bedrückendes, Aufregendes und Staunenswertes aus unseren Berufen. Oft gehen wir auch Texte durch, die ich geschrieben habe; denn Charlott' setzt alle meine handgeschriebenen Hieroglyphen, die ich manchmal selbst nicht lesen kann, „irgendwann" in Seiten herrlich klarer Schriftsätze um. Um keine Mißverständnisse aufkommen zu lassen: Sie „tippt" nicht etwa für mich; das wäre ein gänzlich unangemessener Ausdruck. Sie nimmt meine Sätze in ihr Herz und ihren Verstand, sie macht, indem sie mit raschem Blick Unbrauchbares herauspickt und aussortiert, all die Körner, die ich ihr vor die Füße schütte, zu duftendem, glattem Mehl. Sie ist eben eine Müllerin.
Eine solche Gemeinsamkeit des Erlebens auf Straßen und in Manuskripten schmiedet im Laufe der Jahre ein festes Band geistiger Übereinstimmung. Es geschieht uns nicht selten, daß wir nach einer Phase des schweigenden Fahrens in der Dunkelheit beide zu gleicher Zeit den gleichen Gedanken aussprechen, und wir erleben immer einmal wieder, daß in bedrängten Situationen der eine auch in der Ferne spürt, was mit dem anderen ist. Das Telefon bestätigt uns das dann.

Auf manchen Reisen läßt sich die zähe Pflicht mit köstlichen Genüssen verbinden. Das ist besonders dann der Fall, wenn sie in unbekannte, landschaftlich schöne Gefilde führen. In ihren Semesterferien begleiten
 mich auf solchen Reisen manchmal auch meine Kinder. Beide sind un-

verwüstlich gute Kameraden – Pferde ließen sich mit ihnen stehlen. Dennoch haben sie sehr verschiedene Charaktere, und so verschieden färbt sich denn auch das Timbre einer solchen Reise mit ihnen.

Antje, mein Erstling, ist voller Abenteuerlust. Die blanke Freude am Neuen strahlt aus ihren lebenslustigen, schwarzen Kugelaugen, wenn sie neben mir sitzt. Wenn wir zusammen unterwegs sind, unterbrechen wir häufig die Fahrt, klettern auf einen Aussichtsturm, stiefeln auf einen Berg, bestaunen eine Kirche, einen Altar oder treiben behagliches Katzenschnurren in einer Kaffeehausecke. Wo wir können, sonnen wir uns – und ohne heimliche Trauer, nicht die Sonne auszunutzen, können wir gar nicht im Auto sitzen.

Antje ist sorgfältig darauf bedacht, daß ich so hübsch wie möglich aussehe, wenn ich das Podium betrete. Mit angestrengt vorgeschobener Zungenspitze fertigt sie mir einen künstlerischen Lidstrich an, eine Fähigkeit, die mir völlig abgeht, toupiert eine Locke zum richtigen Schwung und begutachtet fachmännisch und kritisch Kleidung und Schuhwerk. Sie ist unverwüstlich heiter und hält trotz körperlicher Feingliederigkeit große Strapazen durch. All diese süße Unbeschwertheit (die ich besonders genieße, weil sie als Kind ungemein empfindlich und überzart war) wird auf jenen Reisen verdoppelt, auf denen auch ihr Verlobter Gerd mit von der Partie ist. So ein braunlockiger Beschützer, der mit kaputten VWs so umgehen kann, daß sie schließlich doch wieder fahrtüchtig sind, ist eine feine Sache für eine Sorte Mensch, die nicht einmal so ganz genau weiß, warum und auf welche

Weise ein Verbrennungsmotor als Fahrantrieb zu verwenden ist. Jedenfalls lasse ich mich gelegentlich in fröhlicher Sorglosigkeit auch von dem alten VW meiner Kinder zu irgendeinem Vortragsort nach Süddeutschland transportieren.

Ich sitze dann im Fond, die beiden braunen Schöpfe vor mir, und genieße den Blick in die Zukunft, in eine helle Zukunft; denn die Welt dieser Kinder ist heil. Sie schauen gemeinsam auf die Straße, die vor ihnen liegt, klar, ernst, verantwortungsbewußt und doch in gespannter Vorfreude auf das unbekannte Land vor ihnen, das im Bereich des Heilens liegen wird, denn sie sind beide Mediziner. Und sie sind ein Paar, das Hoffnung gibt auf echte Partnerschaftsformen der Zukunft: aufeinander bedacht, respektvoll, fürsorglich, und dennoch schaffen sie sich gegenseitig den Freiraum umeinander herum, ohne den zwei voll entfaltete Individuen auch als Paar nicht existieren können.

Meine düsteren Prognosen werden nicht einzutreten brauchen, wenn mehr Paare von dieser Sorte den Karren übernehmen. Es gibt auch noch einige von ihnen; freilich: mehrere müssen es sein. Auf sie müssen wir hoffen.

Mit meiner Jüngsten, Ulrike, ist alles anders. Wenn sie mit mir fährt, geschieht es meinetwegen. Sie bringt mir ausdrücklich ein Opfer. Sie ist um mich besorgt, will aufpassen, daß mir nichts zustößt; deshalb begleitet sie mich. Sie sorgt für Erfrischungen, für Pastillen davor und danach, sie rast in eine Apotheke, wenn sich eine Halsentzündung ankündigt und weitere Redetätigkeit in Frage stellt. Sie ist von der besorgten Muttertypsorte, die zur Vernunft mahnt und auf das Wohl des anderen so sehr bedacht ist, daß die Eigeninteressen darüber geradezu verdampfen. Ulrike füttert andere, kaum sich selbst. Sie stellt hohe Ansprüche an sich, aber auch an die anderen und ist dadurch viel seltener mit sich und der Welt zufrieden. Wenn wir nach einem Vortrag heimfahren, hat sie mir im Handumdrehen alle Schwächen des Abends vor Augen geführt. Sie hat genau im Kopf, wo in der Diskussion eine Antwort nicht den Kern der Frage traf, sie weiß, wo in meinem Konzept die Achillesferse sitzt, sie fällt mit nüchtern scharfsichtiger Kritik Urteile nach Maß. Ich lerne viel von Ulrike, auch in meinem Fachbereich; denn sie ist Psychologiestudentin und reichert mich mit all den Fakten an Forschungsergebnissen an, die sie in ihrem Studium neu erfährt.

Ulrike ist schwerblütiger als Antje, trotz ihrer hellen Augen und ihrer blonden Haare. Während unsere vier Augen sich in gebannter Aufmerksamkeit in die stockdunkle Nacht bohren, bohren sich gleichzeitig unsere Gedanken in einer gemeinsamen Anstrengung an einem Problem fest, das sich hart und oft unlösbar vor uns auftut.

Ich registriere es in meiner Praxis immer mit Unbehagen, wenn eine Mutter behauptet, ihre Tochter und sie seien Freundinnen, sie hätten keine Geheimnisse voreinander – Unbehagen deshalb, weil das erstens oft eine einseitige illusionäre Vorstellung der Mütter ist, der Mütter, die sich krampfhaft an ihren Töchtern festhalten wollen, statt ein eigenes

Leben zu leben, und zweitens weil es Geheimnisse geben muß, weil es das Recht der Tochter ist, der Mutter nicht „alles“ zu sagen, drittens weil es natürliche Rollen gibt, die man nicht unbeschadet einfach umfunktionieren kann.

Man kann dies alles wissen, respektieren und danach handeln. Dennoch ist es unmöglich, sich vor Ulrikes Röntgenblick zu verbergen. Sie ist von einer so großen Hellsichtigkeit und Hellhörigkeit für den anderen, daß sie dessen Stimmung schon kennt, bevor der andere sie selbst registriert hat. Ein solches Offensein für den anderen bewirkt Vertrauen und Vertrautheit – ob man will oder nicht.

Ulrike besitzt ein hohes Maß therapeutischer Haltung. Hat sie sie mit der Muttermilch eingesogen oder ist sie ein Naturtalent? Für den Beruf, auf den sie zusteuert, bringt sie jedenfalls die wesentliche Begabung mit.

Zu Veranstaltungen, die an einem Mittwochnachmittag oder an Wochenenden stattfinden, werde ich von meinem Mann begleitet – wenn ihn sein Pflichtbewußtsein nicht zwingt, auch an diesen Tagen für Patienten parat zu sein.

Pflichtgefühl – das ist überhaupt die Eigenschaft, die unsere jetzt bald dreißigjährige Lebensgemeinschaft bestimmt hat. Es hat keinen Urlaub gegeben in diesem gemeinsamen Leben, sondern das unermüdliche selbstdiktierte Paratstehen in zwei verschiedenen Fachbereichen der Krankenbehandlung.

 Die Fahrten zu Vorträgen sind uns Gemeinsamkeit und für meinen

Mann Entspannung zugleich. Er ist ein sorgsamer Beobachter und mein aufmerksamster „Franzer“: Er sitzt, die Karte auf dem Schoß, neben mir und weiß immer, wie wir auf sicherstem und schnellstem Wege dorthin kommen, wohin wir gerufen sind. Mit ihm an der Seite verfahre ich mich nie. Zweimal hat mein Mann mich durch seine wache Aufmerksamkeit vor gewiß tödlichen Verkehrsunfällen bewahrt. Er erfaßt bedrohliche Situationen blitzschnell, ein Zuruf, ein Schrei – und ich reagiere reflexartig, als seien wir eins.

Spät abends dann, wenn Anatol den Weg nach Hause praktisch allein findet, wird diese Funktion überflüssig. Dann werden die witzigen Bemerkungen, mit denen mein oberster Kriegsherr die banalsten Lebenssituationen zu würzen pflegt und sie farbig werden läßt, immer spärlicher. Zwischen Celle und Uelzen wird die erste Partie Nachtschlaf erledigt, denn schließlich: morgen muß man wieder fit sein für die vielen Patienten, die warten.

Ich muß noch einen treuen Begleiter erwähnen, der zwar nie direkt neben mir sitzt auf meinen Reisen, mir aber den Rücken freihält, in stiller Selbstlosigkeit, jahraus, jahrein. Das ist meine Gisela. Sie sorgt für alles: daß es Essen gibt, und zwar gutes, schmackhaftes Essen, daß schöne Ordnung in Haus und Garten herrscht. Für Gisela ist es fast eine Beleidigung, wenn ich selbst entdecke, daß irgendwo ein Knopf fehlt, ein Haken ausgerissen ist – das ist ihr Ressort, und sie verwaltet ihn keineswegs nur gewissenhaft, sondern mit Liebe und Nachdenklichkeit. Gisela macht allen Matsch und alle Überschwemmungen wieder weg,

die stürmische Kinder in der Praxis hervorrufen, sie hilft mir bei den Untersuchungen, ordnet die Kartei und lenkt den Strom der Patienten. Nie stellt Gisela sich in den Vordergrund, aber sie ist immer da, unermüdlich und mit hellwachem Geist.
Irgendwann heiratete sie. Sie brachte mich ihrem Jürgen mit in die Ehe. Er hat mich angenommen – noch einer, der Opfer bringt, noch einer, der sich wie selbstverständlich mit in das Joch gespannt hat, der mit von der Partie ist beim Reisen für die Zukunft.

Eine hochschwangere, behoste junge Frau springt auf: „Ich verstehe das nicht – Sie reden so viel von den Müttern. Es ist doch einfach Unsinn, uns Frauen da in eine Rolle pressen zu wollen. Windeln waschen, Kinder wickeln und beaufsichtigen – das könnten auch die Männer, wenn sie nur wollten. Wir sollen für die nur die langweiligen und die Drecksarbeiten machen, und sie selbst drücken sich drum herum. Wir müssen uns das nur nicht mehr gefallen lassen, dann würde sich das alles rasch ändern."

Ich versuche die Dame zu beruhigen. Ich sage ihr, daß es nötig ist, das Verantwortungsgefühl des Mannes für die Erziehung seiner Kinder zu wecken und seine aktive Mitarbeit zu erbitten (nicht diktatorisch zu fordern) und anzustreben. Ich weise andererseits darauf hin, daß es natürliche Begabungen gibt und daß die meisten Frauen eben mehr Gespür für die Bedürfnisse eines Säuglings hätten als die Männer, ja daß die Frauen, die ein Kind geboren hätten, mit Hilfe von Hormonen für mutterschaftliches Verhalten besonders befähigt, geradezu bereitgestellt würden, und demonstriere das an Laktation und Ammenreport.

Es folgt eine kurze Sachfrage. Danach meldet sich ein Herr. Er steht umständlich auf, räuspert sich, holt tief Luft und sagt: „Verzeihen Sie, ich möchte doch die Frage stellen: „Hat der Vater denn gar nichts mit der Erziehung zu tun?"

Ich bin verblüfft – ich habe die Wichtigkeit des Vaters nicht nur in meinem Vortrag erwähnt, sondern doch eben auch noch einmal ausführlich dargestellt. Hat denn der Mann die ganze Zeit geschlafen?

Ich erkläre unverdrossen noch einmal die Notwendigkeit des Vaters als Erzieher und erläuterte seine Funktionen in den verschiedenen Entwicklungsstufen.

Danach will jemand ein Fremdwort erklärt haben. – Eine Studentin erhebt sich dann. Ob denn hier vom Vater gar nicht mehr die Rede sei, fragt sie, fragt sie wirklich.

Dies erlebe ich Abend für Abend in den letzten Jahren mit stereotyper Regelmäßigkeit. Es ist atemberaubend. Da sitzt eine Menge mit lauter wachen, hellen Augen, man sieht, *wie* lernbereit sie ist. Aber es wird auch nach der dritten Wiederholung dieser Frage nicht gelacht und der Diskutant nicht ausgepfiffen. Alle sitzen in gebannter Erwartung und wollen zum dritten Mal von mir etwas über den Vater hören.

In der Einzeltherapie kennen wir dieses Phänomen zur Genüge. Freud hat uns gelehrt, solche Stereotypen nicht zu übersehen. Kommen in der freien Rede immer wieder die gleichen Einfälle, die gleichen Inhalte vor, so kann man mit Sicherheit sagen, daß hier verdrängte Bedürfnisse, seelische Verletzungen, unbewältigte Probleme vorliegen, in die häufig

in gleichnishaften Symbolen Hinweise geben auf die unbewußten Ursachen des Leidens, das die Psychotherapie nötig machte.
An den Stereotypien der Inhalte in Diskussionen lassen sich ebenso gewiß auch kollektive Komplexe, ungelöste, verdrängte kollektive Probleme aufdecken. Der „Vaterwahn" in den Diskussionen zeigt das sehr deutlich; denn anders als bei den üblichen Fragen um elterliches Verhalten in der Erziehung läßt sich die Vaterfrage nicht mit realitätsgerechten Antworten befriedigen. Daraus wird ersichtlich, daß die Menge nach dem realen Vater in Wirklichkeit gar nicht fragt – sie fragt nach Gott Vater, und er ist es auch, der in der Erziehung der Kinder heute zu ihrem großen Unheil verdrängt wird. Die Verdrängung der Re-ligio, der Rückbindung des Menschen an einen Vertrag, dem er sich unbewußt längst unterstellt hat, bevor er allmählich zum Bewußtsein erwachte, dieses „Vergessen" des Menschen seiner Einbindung in einen Auftrag und damit in die Orientierung am Sinn seines Lebens bewirkt das stereotype ratlos-rastlose Fragen nach dem Vater. Es hat auch jenes „Rollenchaos" zur Folge, dem sich viele junge Leute heute verschreiben. Sie gleichen trotzigen Kindern, die weggelaufen sind und damit demonstrieren wollen, daß sie auch alleine zurecht kommen. Sie wollen sich eben nicht der Vorgegebenheit unterstellen, zu „Gehorsamen", wie Pestalozzi sagt, daß sie sich als Mann oder als Frau in dieser Welt vorgefunden haben, sie fordern Chancengleichheit – auch hier, es geht ihnen zu Herzen, daß „der Zopf nach hinten hängt", sie wollen es anders haben.

Aber trotz allen Getöses und kleinkindhaften Füßestampfens wächst in der Not bei den verlorenen Söhnen und Töchtern die Sehnsucht nach der Heimkehr zum Vater zum Hilfeschrei an. Möchten wir ihn doch nur nicht weiter so konstant und penetrant überhören!
„Ein paradiesisches Dasein würde sich dieser Menschheit öffnen", schreibt Bernhard Philberth, „wenn sie nur ihrer wahren Berufung nachkommen wollte. Nicht Wunder und nicht Weisheit wären dazu notwendig, sondern nur Gehorsam und Hingabe."
In den meisten Diskussionen werden in erfreulicher Gezieltheit Sachfragen diskutiert. Der Alltag mit all seinen Problemen tritt farbig hervor; ehrliche Ratlosigkeit, echtes Bedürfnis, die eigene Handlungsweise zu reflektieren und an ihr zu lernen, werden immer wieder sichtbar und geben Anlaß, vom Fachwissen her Perspektiven zu öffnen. In einem solchen Klima können Störtrupps mit aggressiven Intentionen nur schwer Fuß fassen. Die Realität, der Alltag, das Leben in seiner Wirklichkeit steht viel zu sehr im Mittelpunkt solcher Abende.
Die Mehrzahl der Veranstaltungen bleibt deshalb ungetrübt. Das liegt sicher zu einem großen Teil daran, daß sich im allgemeinen etwa zehn Minuten nach dem Beginn des Vortrags ein Trüpplein von Struwwelpetern erhebt und ziemlich geräuschvoll dem Ausgang zumarschiert. Dann hat sich herausgestellt, daß die Grundmelodie eine andere ist, daß das Vokabular nicht stimmt. Alles weitere ist ihnen uninteressant. Für den Sektor „Zuhören und sachlich lernen" fehlt ohnehin bei dieser Sorte von Jugendlichen die Antenne.

Manchmal freilich tauchen die der modernen Indoktrination zugehörigen Klischees und Phrasen als Diskussionsbeiträge auf. „Sie haben den gesellschaftlichen Aspekt nicht berücksichtigt", heißt es da, obgleich in Neunzehnteln meines Vortrags von Umweltbedingungen die Rede war. „Sie haben uns einige Hypothesen über die Ursachen der Diebstahlsdelikte in Wohlstandsländern geboten – also das ist doch klar, warum die Jugend heute stiehlt, sie muß ja stehlen, die merken eben, daß sie ausgebeutet werden."
„Der Weihnachtsmann soll einen symbolischen Wert haben, meinen Sie? Das ist doch Unsinn – den haben die Kapitalisten aus ihren Unternehmerinteressen heraus erfunden."
In all diesen Fällen hilft ein kleiner Nachhilfeunterricht in Historie meist rasch über die Runden. Der dialektische Materialismus von Marx kann als Heilslehre unserer modernen Welt nur von Indoktrinierten verwendet werden. Marx war schließlich ein Kind seiner Zeit, des 19. Jahrhunderts, mit seinen echten sozialen Problemen. Unsere Probleme sind ganz anders: Sie entstehen durch die Verwöhnung der Wohlstandsgesellschaft, durch Vertechnisierung und Entmenschlichung unserer Kinderstuben, sie sind kein soziales, und sie sind kein Schichtenproblem. Sie sind eine Frage der Sucht zur Bequemlichkeit, der Eigenmächtigkeit und der materialistischen Fehleinstellung der Menschen. Wie das im einzelnen aussieht, was dabei herauskommt, nach welchen biologischen Gesetzen hier Störungen entstehen, eben das kann die Psychopathologie des Kindes beschreiben und verdeutlichen.

Es gibt aber auch bösartige Diskutanten. Ein haarbemooster junger Mann erhebt sich: „Sie haben folgende Worte in den Mund genommen“, sagt er und blättert demonstrativ in seinem Schreibblock: „Erbgesunder Nachwuchs, rassischer Vorzug, reine Gesinnung.“
Ich weiß nicht, woher er diese Worte hat. Bei mir hat er sie gewiß nicht gehört. Da ich während des Vortrags beobachtet hatte, daß gerade dieser Diskutant sehr viel zu spät kam, frage ich ihn, ob er diese Worte von einer anderen Veranstaltung mitgebracht habe. Er beharrt, wiederholt und meint zusätzlich, ich hätte wohl auch keine neuen Vorschläge gemacht. Ich hielte es wohl mit der Illusion von einer heilen Welt und täte alles, um die hier öffentlich aufzupäppeln.
Eines ist sicher: Zugehört kann der Mann nicht haben, denn mein Vortrag bestand zur Hälfte aus praktischen Vorschlägen zur Änderung unserer Nöte.
In einer solchen Situation nützt es gar nichts, die unsachlichen, unzutreffenden Reden als Unterstellung zurückzuweisen. Der Verlauf der Diskussion hängt jetzt völlig davon ab, ob in der Menge *ein* Mutiger ist oder ob vielleicht der Veranstalter selbst die Zivilcourage zur Richtigstellung hat.
In Großburgwedel erhob sich in einer Mammutveranstaltung ein hünenhafter jugendlicher Vater und sagte: „Wir wollen hier über die Probleme unserer Kinder sprechen, wir wollen hier konkret etwas lernen. Wir wollen uns die Zeit nicht mit solchem Geschwätz und solchen unsachlichen Angriffen gegen unsere Referentin stehlen lassen. Unser

Diskutant sollte am besten erstmal Privatstunden in Sachlichkeit und Höflichkeit nehmen und zuhören lernen, dann kann er wiederkommen. Bis dahin soll er den Mund halten; wir wollen auch etwas fragen." Brausender Beifall erhob sich.

Aber es gibt auch die feige Menge. Es kann geschehen, daß alle stumm passiv auf ihren Stühlen hocken bleiben, wenn ein Vikar bei der Frage, ob man den Vorkonfirmandinnen, also den Zwölf- bis Vierzehnjährigen, die Pille geben solle, auf mein klar argumentierendes Nein in provozierender Schärfe antwortet: „Frau Meves, Sie scheinen hier doch wohl sehr subjektive Meinungen zu vertreten. Wenn Ihnen selbst der Mut zur Pille fehlt, so scheint es mir unrealistisch und mißgünstig, dieses Recht den aufgeschlossenen Jugendlichen absprechen zu wollen."

Ich lausche eine Weile, bin verwundert, daß auch der Veranstalter sich duckt und nichts unternimmt, um mich vor solchen Anwürfen zu schützen. Dann beschließe ich, die Sache allein durchzustehen und auszufechten. Ich nenne die neuen Arbeiten über die Gefahr der Unfruchtbarkeit nach jahrelanger Pilleneinnahme, ich berichte aus der Praxis von Jugendlichen, denen die allzu früh gepflückten Früchte nach einigen Jahren nicht mehr spurweise süß schmecken, wie ihre Verführer behaupteten, sondern bitter; spreche vom Mißbrauch des Leibes durch eine unnatürliche zerstörerische Manipulation. Viele wachen auf, manche sind befremdet. In den Boulevardblättern steht es so anders. Ein Studienrat sagt nach dem Vortrag kopfschüttelnd: „Muß man sich denn wirklich so engagieren?"

In den letzten Jahrzehnten ist eine neue Form des Gesprächs in der Öffentlichkeit zur Mode geworden: die Podiumsdiskussion. Man hält sie im Zuge einer demokratischen Meinungsbildung des Laien für besonders fruchtbar. Da hocken auf fünf Stühlen fünf gelehrte Häuser, jeder vollgestopft mit der Theorie und Praxis seines Fachbereiches, beladen mit dem Modetrend, der gerade in seinem Spezialfach herrscht, begrenzt in seiner Objektivität durch das Vorurteil seiner persönlichen Ideologie, die Denknotwendigkeiten seiner Charakterstruktur und deren Abwehrmechanismen und sagt im Brustton der Überzeugung, aber mit verhaltener Sachlichkeit (die ist zur Zeit ungeschriebenes Gesetz, Verhaltensvorschrift, ohne deren Einhaltung keinerlei Aussicht auf Erfolg besteht), sagt also in vorschriftsmäßiger Nonchalance: „Ja, ich würde meinen..."

Moderatoren – vor allem die vom Fernsehen – sind immer entzückt, wenn es ihnen gelungen ist, möglichst konträre Vorstellungen, sich widersprechende Aussagen auf den Tisch zu kriegen. Sie reiben sich die Hände wie Zirkusdirektoren, denen es gelungen ist, dem Publikum ein blutrünstiges Spektakulum vorzuführen. Zwar werden die modernen Gladiatorenkämpfe nicht mit Körperkräften, sondern mit der spitzesten Waffe des Menschen: mit seiner Zunge ausgefochten, doch sind sie nicht weniger grausam, nicht weniger unsinnig, nicht weniger destruktiv; denn wenn das Streitgespräch nicht unter Fachleuten, nicht unter allerseits kompetenten Zuhörern stattfindet, sondern vor Laien durchgeführt wird, kann es gar nicht, wie vorgegeben wird, zu einer echten

Urteilsbildung der Uneingeweihten führen. Urteilsbildung setzt gründliche Kenntnisse und umfängliche Erfahrungen im Umgang mit diesen Kenntnissen voraus. Kein Fachgelehrter kann das an einem Abend auch nur spurweise leisten, wenn er nach den Spielregeln der Podiumsdiskussion nur alle zehn Minuten einige Sätze ins Gespräch werfen darf. Auch der Ansatz zu einer echten Urteilsbildung ist für den Zuhörer auf diese Weise nicht gegeben. Stattdessen wird er konfrontiert mit mehreren Autoritäten, mit Titeln und Meriten schön geschmückt, denen er mit Recht gern Glauben geschenkt hätte, würden diese sich jetzt nicht mit gestelzter Gelassenheit gegenseitig schlagend beweisen, daß sie anderen Gelehrten hochkarätige Troddel seien. Nicht Kritikfähigkeit entsteht auf diese Weise, sondern Orientierungslosigkeit, nicht Bewußtseinserhellung wird hier vollzogen, sondern Verdunklung, indem die Kompetenz der Fachkraft in Frage gestellt wird.

Da aber der Mensch in geradezu dranghafter Not nach Orientierung sucht und genötigt ist, sich Klarheit zu verschaffen, bleibt ihm als Zuhörer bei Podiumsdiskussionen nichts anderes übrig, als sich an den „Eindruck“ zu halten, den die Leute auf ihn machen. Er nimmt Partei für den Geschickten, den Zungenfertigen, den gut Gekleideten, den Schönen, für den, der eine „gute Figur“ macht, den „Helden“.

Das alles aber sind Kriterien, die mit einer sachlichen Orientierung nichts zu tun haben und in der Verknüpfung von Eindruck und Aussage den Laien gefährlich irreleiten können.

 Aufgrund der Erfahrung, daß Podiumsdiskussionen vor konträr eingestellten Fachleuten vor Laien Teufelswerk sind, böses Spektakulum, eben weil es zerstört statt aufbaut, lehne ich Aufforderungen zu solchen Ringelreihen grundsätzlich ab, auch und gerade mit Leidenschaft dann, wenn ein Boß am Schalthebel der Fernsehmacht mir das Unternehmen mit dem Angebot einer hübschen vierstelligen Summe schmackhaft zu machen versucht.

Aber Entscheidungsmöglichkeiten dieser Art sind mir auch erst an der Erfahrung gewachsen, an dem Gefühl von Unzufriedenheit und Unzulänglichkeit nach Veranstaltungen solcher Art, die mich trotz äußerer Erfolge auf den einsamen Nachtfahrten nach Hause beschlichen:

Mit zwei gelehrten Herren zanke ich mich befehlsgemäß vor surrenden Kameras im grellen Scheinwerferlicht um die Ehe. (Als ob in dieser Einrichtung nicht schon genug gezankt würde!). Ich habe (befehlsgemäß) den Standpunkt zu vertreten, daß man die Einehe als institutionelle Norm auf Lebenszeit erhalten solle, mein Kontrahent, ein Mediziner, will Neues, Besseres an ihre Stelle setzen, ein dritter, Theologe und Psychoanalytiker, ist angeheuert, um den „religiösen Aspekt" zu vertreten. Ich habe mich gut vorbereitet, ich segle daher wie eine Fregatte, bestückt mit dicken Geschützen. Mit ansehnlichen Kanonenkugeln von Argumenten will ich für die Treue streiten.

„Ja, wat denn", unterbricht mich mein Kontrahent, „soll'n wir denn jar keinen Spaß mehr haben? So jeht dat doch jar nich – wir müssen doch draußen auch 'mal wat anderes erleben, als immer dat Jleiche in de vier Wände. – Wo bleibt denn bei Ihnen da der janze Spaß?"

Da sitzt er nun in seiner Spaßnußschale, der Herr Doktor, schaukelt lustig auf den Wellen, hängt gar noch die Beine backbord über die Kante – und *den* soll ich abschießen? Mit meinen Kugeln? Ich rumore im Heck, böllere 'mal ein wenig in eine andere Richtung: Zu viel Spaß der Ehemänner wirkt sich auf die Stimmung der Ehefrauen negativ aus und damit in gefährlicher Weise auf die seelische Entwicklung der Kinder.

Mein Kontrahent: „Wat denn, die sollen doch auch ihren Spaß haben, vor allem, indem sie jar nich mehr zu Hause hocken bleiben – immer frisch rin ins Lustleben!" Wer will dagegen sein? Ich bestimmt nicht. Ich setze eine strenge Miene auf und verweise den Herrn Doktor auf das verlassene Kind.

„Wat denn", sagt der, „det finden die alle janz lustig, det Kind und die Mutter auch."

Nun schieße ich doch eine Kanone ab, vielmehr geht sie los, per Selbstzündung, und es zischt wütend auf die Nußschale zu: „Sie, Mann, was können Sie schon über die Gefühle von uns Frauen wissen, wenn wir von unseren hilflosen Babies weg in die Berufe gehen?"

Der religiöse Aspekt beschränkt sich aufs Ausgleichen, sonst tritt er nicht in Erscheinung.

Die Lichter verlöschen, eine halbe Stunde mit teurem Geschwätz ist vorbei.

Es hat in den letzten Jahren auch Diskussionen gegeben, zu denen sich gewichtige, verantwortungsbewußte Persönlichkeiten unter großem Zeitaufwand bereit- und zusammenfanden in der Hoffnung, kurz vor Zwölf entscheidende Weichen zu stellen, um fundamentale zukünftige Gefahren abzuwenden.
Sie sind alle gescheitert. Es genügt auch, es versucht zu haben.
Jeder Zeitgeist hat zwar seine spezielle Funktion und Gesetzlichkeit, die einzelne Gremien nicht aus der Welt schaffen können, aber ihr Bemühen ist dennoch nicht ohne Wirkung im Gewebe des Weltenteppichs. Was dort hält und zusammenhält, ist am Erfolg oder Mißerfolg des Augenblicks nicht meßbar.

Der Bildungspolitische Ausschuß des Vorstandes der SPD lädt mich nach Bonn ein. Es handelt sich um ein Orientierungsgespräch zwischen Kulturpolitikern (von Knoeringen, Lohmar, Evers u. a.) und Vertretern der Wissenschaft, (dem Ingenieur Steinbuch, dem Sozialmediziner Schaefer, dem Psychoanalytiker Kilian, dem Bildungsforscher Raschert, dem Generalstaatsanwalt Bauer, anderen klugen Leuten und meiner Wenigkeit).

„Hier wurde ernsthaft der Versuch unternommen“, schreibt Waldemar von Knoeringen in einer nachfolgenden Publikation, „die ausgesprochen modernen Richtungen der Wissenschaften vom Menschen und von der Gesellschaft in unmittelbare Berührung mit der praktischen Politik zu bringen. Sinnbildlich äußerte sich dies darin, daß die Tagung

‚Gemeinsame Aufgaben von Politik und Wissenschaft' im Bundeshaus abgehalten wurde. Praktisch schlug sich die Ernsthaftigkeit des Bestrebens darin nieder, daß die Frage, wie dieser Kontakt wirksam und dauerhaft zu sichern wäre, eines der Hauptthemen war.
Die Bedeutung des Anlasses liegt aber auch darin, daß hier das vielberufene Schlagwort von der ‚Verwissenschaftlichung der Politik', das zeitweilig schon den Geruch politischer Langeweile anzunehmen drohte, Farbe und Kontur gewann. Wenn man dieses Schlagwort in der vollen Breite seiner in den Referaten und Diskussionsbeiträgen aufgezeigten Inhalte nimmt, so stecken darin hohe Ansprüche an Politik und Verwaltung ebenso wie an die Wissenschaft und auch an den einzelnen Staatsbürger, soweit dieser nicht nur Konsument seines eigenen Schicksals sein will: Es steckt darin die Forderung, endlich die Konsequenz aus längst gewonnenen Erkenntnissen zu ziehen – etwa im Strafrecht und Strafvollzug oder in bestimmten Bereichen der Erziehung. Es ergibt sich andererseits das Bestreben, die Wahrscheinlichkeiten der Zukunft bestmöglich vorauszukalkulieren und die Politik daran, nicht nur an den Finanzklemmen der Gegenwart oder den Ideen bestimmter Vergangenheiten, zu messen. Es gehört dazu eine vielleicht sogar radikale, allerdings rationale und realitätsbezogene Kritik an allen möglichen Selbstverständlichkeiten, die manchmal nichts sind als hartnäckige Sehfehler.
Nachdem die Traditionen zerbrochen werden, die Zukunft sich nebel-
 haft zeigt, werden wir wieder auf den Menschen zurückgeworfen. Wie

reagiert er auf diesen Umbruch der Kultur, wie wird er sich verändern, wird er Mensch in unserem Sinne bleiben, was ist das Humane in dieser Welt von morgen? Das ist keine Frage nur der Philosophie oder irgendeiner Einzeldisziplin, das ist die Frage der Politik. Das Wissen um die Sozialnatur des Menschen ist Voraussetzung einer humanen Politik. Je mehr der technologische Fortschritt der menschlichen Existenz neue Möglichkeiten öffnet, um so mehr werden wir auf den Menschen blicken müssen.

Besonders den Akzent, der hier von den Herren Schaefer, Bauer und Kilian sowie Frau Meves gesetzt worden ist, müßten wir sorgfältig beobachten, prüfen und daraus auch Entschlüsse ableiten.

Die Wissenschaften vom Menschen und von der Gesellschaft müssen eine weit größere Förderung erfahren. Ohne die Integration anthropologischer und sozialwissenschaftlicher Erkenntnisse, ohne den geschärften Blick auf den einzelnen konkreten Menschen in dieser Zeit muß die Politik zur Schaffung einer menschenwürdigen Gesellschaft zum Scheitern verurteilt sein. Daher darf es keine unreflektierte Übernahme technologischer Zielsetzungen geben. ‚Der Mensch ist der Kybernetes alles politischen Geschehens.' Er gibt Wertmaßstäbe, und er setzt Ziele. Es ist ein langer, gefahrvoller Weg zu dieser Erkenntnis und zur Übertragung dieser Erkenntnis in das politische Handeln. Wir dürfen uns keine Illusion darüber machen. Wir werden viel Geduld und Überzeugungskraft vonnöten haben, soll dieser Gedanke Gehör finden. Dieses Gespräch zwischen Wissenschaft und Kulturpolitikern war eine Art

Richtungszeiger für die Gesellschaftspolitik der Sozialdemokratischen Partei, und wir wollen in dieser Richtung weitergehen." (W. von Knoeringen: Geplante Zukunft, Hannover 1968).

Waldemar von Knoeringen ist tot; diese seine Pläne hat er nicht verwirklichen können. Säuglingsschutzgelder, Veränderung der Adoptionsgesetze, Aufwertung der Mutteraufgaben, vorbeugende Psychohygiene, alle diese Programme blieben auf der Strecke – zugunsten einer unreflektierten „Changzengleichheit" auf dem Boden eines ideologischen Manifests statt eines realistischen, geistige Entwicklung fördernden Programms. Statt zum Menschen zu führen, geriet unsere Bildungspolitik in das mechanistische Fahrwasser des amerikanischen behavioristischen „Rattomorphismus", der Lehre von Reiz und Reflex, die sich – mit dem Pelzmantel „Curriculum-Forschung" verbrämt – auf den Köpfen der Kinder und über sie hinweg austobt. Klüger und glücklicher sind sie dabei nicht geworden.
Im Fraktionsgebäude der SPD des Bundeshauses in Bonn hat mir vor allem eins Eindruck gemacht: In mehrtürigem Trakt war hier in Rechnung gestellt, daß Männer, selbst wenn sie regieren, gelegentlich eine Toilette aufsuchen müssen. Für weibliche Wesen war dergleichen nicht vorgesehen. Eine Raumpflegerin schließlich zeigte mir hinter Kammern voller Handwerkszeug ihrer Zunft einen verschwiegenen Ort im Keller für den eigenen Bedarf. Ob die ESPEDE bis 1972 in diesem Elementarbereich der Chancengleichheit schon einen Fortschritt gemacht hat? Es

lohnte sich, das zu wissen. Erst wo's im eigenen Haus stimmt, läßt sich in den fremden etwas ausrichten.

Einmal habe ich erlebt, daß ein Mann, den sein Verantwortungsgefühl nicht mehr schlafen ließ, mit zielstrebiger Energie und aus eigener Initiative eine Reihe namhafter Wissenschaftler zusammentrommelte, in sein prachtvolles Haus einlud und sie in einem Tagungsgespräch mit einem der höchsten katholischen Würdenträger in Europa, dem Kardinal König aus Wien, konfrontierte mit dem Ziel, einen Bund Kirche und Wissenschaft auf die Beine zu stellen, um durch die Einigkeit dieser beiden Glaubenspfeiler des modernen Menschen Irrwegen und Irreleitungen der armen „Rabenkinder" zu begegnen.
Ach, ach, wie kläglich scheiterte dieser Versuch! Um ihn zu verwirklichen, wäre es nämlich nötig gewesen, daß alle vorhandenen Wissenschaftler sich selbst mit ihrer Person dazu hätten bekennen müssen, daß mit ihrer Macht nicht viel getan ist. Aber wozu hat man einen Nobelpreis errungen, wenn man hinterher den Kopf für einen solchen Kotau hinhalten soll? Nein, das ist einfach zu viel verlangt. So viel Glanz und Herrlichkeit kann unser alter, taufrischer Adam eben nicht opfern. Deshalb ging man doch tatsächlich dazu über, mit Schlaumeiermethoden den alten Galilei wieder aus der Mottenkiste zu holen, um mit seiner Hilfe erst einmal den Papst zu einem Kotau zu nötigen. Da kam es DDR-Kohl-artig zu „Bedingungen", „Abgrenzungen" mit dem so folgerichtigen Ergebnis, daß sich die Fühler aus Wien in sanft-stiller Rück-

rollung aller roten Teppiche in die Hochburg an der Donau zurückzogen. Der Umgang mit Heiden ist ein schweres Amt – und die meisten Naturwissenschaftler sind eben welche, selbst wenn sie noch so eilfertig versichern, katholischen Glaubens zu sein.

Für einen Protestanten wie mich sind solche Machtkämpfe zwischen Krone und Altar schmerzhaft läppisch, traurig biologisch – wäre doch der Menschheit in der Tat nur zu helfen, wenn sie sich wieder rückbände an den Schöpfer dieser Welt und sich in Demut dazu bekennte, trotz aller superklugen Erfindungen Geschöpf zu sein. Aber je katholisch versierter die Herren Professoren sind, desto mehr sind sie, wie gebrannte Kinder, allergisch dagegen, sich den Weisungen eines himmlischen „Stellvertreters" zu unterstellen. Panisch ist ihre Angst vor seinem Mißbrauch. Sicher haben gerade die historisch Gebildeten unter ihnen zu dieser Haltung manche Berechtigung. Aber besteht diese Gefahr in unserer Situation wirklich noch? Der einige Geist von Krone = Wissenschaft und Altar könnte *den* orientierenden Vorbildcharakter haben, den der moderne Mensch sucht und so nötig braucht. Aber dazu bedürfen wir keiner Spezialisten, sondern großer Geister, die ohne kleingläubiges Machtstreben und -denken bereit wären, über den Tellerrand ihrer eigengefertigten Suppen hinauszuschauen. Im Kreis zu Baiersbronn waren sie in der Minderzahl.

Von einem besonders eindrucksvollen Erlebnis in diesem Kreis muß ich noch berichten. Man schreibt das Jahr 1969. Ich bin durch Deutschland und den verschneiten Schwarzwald in das Haus am Hang gefahren, voller Sorge über das, was meine Kinder von der Universität berichten, was ich von Studenten erfahre, die zu mir zur Betreuung kommen, was ich selbst gesehen und gehört habe an durchorganisierter Vorbereitung für einen Besuch des Schahs von Persien, als ich zufällig nach einem Vortrag über den Kurfürstendamm in Berlin ging; denn unorganisiert und unvorbereitet war bei diesen Vorgängen nur die Polizei.

Da sitzen sie alle bereits in trauter Runde, meine Freunde, die Professoren. Jeder hat einen schweren, schwarzen, wenn nicht gar zwei breitrandige Doktorhüte auf dem sensiblen, meist haarlosen Schädel, ein kunstvoll geschnitzter Lehr-Lehnstuhl umgibt ihre würdigen Gestalten. Sie sind voll warmer Freundlichkeit und ritterlicher Toleranz gegen mich, diesem ein wenig verirrten Schmetterling weiblichen Geschlechts. Und es macht mir auch einfach Spaß, ihre ernsten Mienen mit gewöhnlichen weiblichen Mitteln ein wenig zu erhellen.

Aber heute – es liegt an den Sorgen – gelingt das nicht durchgängig. Von den Studentenunruhen ist die Rede, und ich wage zu sagen: „Ich hoffe, meine Herren, daß Ihnen klar ist, daß dies der Anfang einer massiven kommunistischen Unterwanderung unserer Universitäten ist und daß wir nur Aussicht haben, das zu verhindern, wenn Sie sich dieser Gefahren bewußt sind und wie *ein* Mann auf dem Posten stehen."

Man schaut mich ratlos an, entsetzt, irritiert. Dann springt ein relativ junger Mann mit einem hochberühmten Vaternamen auf und ruft: „Ich möchte Sie bitten, Frau Meves, nicht solchen wirklich haarsträubenden Unsinn zu reden. Von einer Unterwanderung dieser Art kann nicht im entferntesten die Rede sein. Das ist eine bösartige Unterstellung. Die Studenten wollen eine neue, lebendige Form der Universität, statt den Muff von tausend Jahren unter den Talaren. Das ist ihr gutes Recht."

Ich erkläre den Herren vergeblich, daß diese „gesunde Bewegung" aber z. Zt. ein anfälliger Herd sei im Organismus Universität und daß solche Orte für Bazillen und gewiefte psychologisch geschulte Strategen bevorzugte Angriffsflächen und Ausgangsbasen böten. Alarmstufe I wäre angebracht in diesem Status. Später entwickle eine solche Bewegung ihre eigenen massenpsychologischen Gesetze. Dann wäre jeder Versuch des Eingriffs zu spät.

Die Herren krausen die Stirn, schütteln die Köpfe. Mein Diskutant fordert, ich möge meine Worte sofort zurücknehmen. Der Herr Ordinarius, der mich eingeschleppt hat in den Kreis, ist besorgt um mein Prestige und sieht sich genötigt, mich zu verteidigen. Schließlich stünde ich ja nicht in der Front, käme aus der Etappe, da sieht dann manches sogar gefährlicher aus als es ist. Von einer gezielten Unterwanderung könne doch wohl nicht die Rede sein. Ob einer der Herren dergleichen beobachtet habe. Kopfschütteln allerseits. Von gezielten Aktionen habe Frau Meves doch wohl auch nicht gesprochen, so habe sie's wohl nicht gemeint.

Ich schlucke, ich bin traurig. Sie sehen es nicht.

Vielleicht wird die Sicht eben doch klarer, wenn man etwas weiter entfernt, wenn man am Fluß in der Heide lebt und da einfach das Ohr an die Erde legt, horcht und hört, wie unermüdlich die Maulwürfe und Ratten ihre Arbeit verrichten.

Etwa siebenmal im Jahr darf ich einer Arbeitsgemeinschaft von sieben Heiligen angehören. Man kann auch sagen: Es handelt sich um sieben Rabenbrüder, und ich bin ihre nachgeborene Schwester. Hoffentlich kommt nicht eines Tages – wie in dem Märchen der Brüder Grimm – ein böser Fluch über sie, der sie verzaubert, daß ich sie gar noch durch Hemdennähen oder ähnliches erlösen muß. Solche Flüche schweben als Damoklesschwert immer über meinen Brüdern. Es brauchte nur einer aus dem magischen Patriarchat „Kirchenleitung" die Arbeit meiner Brüder zu verdammen und ihnen den Hahn abzudrehen – und schon säßen wir im mythologischen Dilemma; denn meine sieben Brüder wirken zusammen an dem Quadranten eines umfänglichen Knüpfwerkes: einem neuen Katechismus für evangelische Erwachsene. Dieser Teppich besteht aus einer kaum übersehbaren Fülle zahlloser bunter Fäden, die erst mühsam aus fremden Gefilden – in Form von Kurztexten der verschiedensten Autoren – zusammengesammelt werden. Die Brüder sortieren, fügen hinzu, beschneiden, verflechten und knüpfen schließlich die einzelnen Fäden zu einem Muster. Unsere Zusammenkünfte dienen der Aufgabe, über die Verwendung der einzelnen Fäden zu entscheiden und in gemeinsamen Vorschlägen die endgültige Konstruktion der Musterung zu bestimmen.
Jeder meiner Brüder hat in dieser Arbeit allmählich eine besondere

Rolle übernommen. Unser ältester Bruder sorgt dafür, daß wir auf dem Teppich bleiben. Er paßt auf, daß wir keine Luftschlösser errichten. Er ist unendlich gelehrt und in seinem Metier, der evangelischen Theologie, mit vollendetem Sachverstand zu Hause. Er kommt nicht nur aus Helmstedt, er ist auch *unser* Grenzwächter und der Vertreter einer alten (dort herrlich renovierten) Universität. Auf seinen Schultern sitzt manchmal ein Hauch von Staub – der Staub vom *richtigen* Paradies – hat er uns erklärt. Der ist nicht abklopfbar, und deshalb hat dieser Pfarrer ein ganz sicheres Gespür dafür, was christlich und was nur duselig heidnisch ist. Das macht der Staub, der unabschüttelbare, und deshalb hat sein Wort für uns einen so hohen Wert, so viel Gewicht.
Unser zweitältester Bruder ist der Stille unter uns; aber er wacht auch, er wirkt aber mehr durch sein Dasein als durch sein Wort, durch seine Treue, seine Selbstlosigkeit und durch seine scharfe Beobachtungsgabe.
Der drittälteste ist unser Stern. Er erhellt mit seinen ungewöhnlich hellblauen Augen auch noch das verworrenste Fädengewirr, besitzt eine große, verhaltene Leuchtkraft, die alle Voraussetzung dazu ist, daß sich die vielen Einzelteile dieses Wirkens zu einem Ganzen zusammenfügen lassen.
Der vierte ist unser Oberweber. Er knüpft unermüdlich am Teppich, Tag und Nacht gewissermaßen; er führt unsere Pläne aus, fügt ihnen noch einen Schuß Farbe hinzu. Aber er ist keineswegs etwa mit einem Handwerker gleichzusetzen, oh nein! Sein Leib, seine Seele, sein Geist –

alles ist mit eingewirkt in das Gebilde, mit so viel heiligem Eifer entäußert er sich selbst in der Arbeit an diesem Werk.
Der fünfte gibt uns das Maß, das Maß unserer Tagesordnung, das Maß der Realität von der praktischen Seelsorge her, das Maß in der Verwendung des Materials.
Meine beiden jüngsten Brüder sprudeln vor Einfällen. Sie produzieren selbst Teppichfäden, oft schneller als sich nachprüfen läßt, ob sie etwas taugen. Sie bedeuten für uns Reichtum, Fülle und lebendigen Geist.
Und ich? Ja ich bin, wie gesagt, die nachgeborene Schwester, theologisch recht schwach von Konstitution, und manche Nottaufe war da fällig, bei der den Brüdern, verschreckt über all die heidnische Psychologie, die ich von mir gab, das Taufkrüglein wohl zerschellen mußte. Aber wir haben alle das Gefühl, aufeinander angewiesen zu sein, keiner ohne den anderen auskommen zu können.
Die Arbeit mit meinen Brüdern ist für mich ein einmaliges, immer neu bestauntes Ereignis. Denn in dem jahrelangen Tun haben sich keinerlei der üblichen biologisch begründeten Gruppenphänomene gezeigt. Es gibt kein Konkurrieren, kein Ringen um die Alphastellung, um die Macht im Kral, es gibt keine tückischen Nachreden, keine Spaltungen, kein gegenseitiges Ausspielen der einzelnen Untergruppen. Vielleicht wird dieses Klima gefördert durch die Gegebenheit, daß in der endgültigen Fassung kein Name genannt werden wird.
Aber dieses Faktum allein kann das Wunder nicht bewirken. Es liegt daran, daß hier sieben Personen durchhaltend und uneingeschränkt nur

an das Werk und nicht an sich selbst denken. Es liegt daran, daß alle meine Brüder fromm sind – ganz echt und ohne ekklesiogene Neurosen. Aber selbst Neuröschen-haftes stört nicht. Bei aller Verschiedenheit ihrer Charakterstrukturen und der theologischen Schulen, aus denen sie stammen, werden sie bestimmt durch ihre Einstellung zu Gott und *damit* zur Welt und *damit* zu den Menschen in unserem Kreis. Meine sieben Brüder haben mich gelehrt, daß es in der Tat zu verwirklichen ist, was uns verheißen wurde: daß die zwischenmenschlichen Probleme, die biologischen Relikte zunichte werden, wenn der *religiöse* Geist das Leben und Wirken hier bestimmt. Ein gemeinsames Arbeiten in sporadischen Zusammenkünften mag das erleichtern. Selbstverständlich ist eine solche jahrelange Einigkeit unter so verschiedenen Charakteren aber keineswegs.

Ich liebe meine Brüder. Sie sind Heilige, sie haben große, reine, sanfte Herzen. Möchte das so schwere und heikle Unterfangen ihnen, uns, gelingen! Wenn sie einer in den Glasberg sperrte – ich liefe für sie bis ans Ende der Welt und selbst dann, wenn sich das Türschloß zu ihrer Erlösung nur durch ein grauslig substantielles Opfer öffnen ließe – wie in unserem Märchen.

Das Wunder dieser Zusammenarbeit genieße ich doppelt, seitdem ich einmal in eine Diskussionsgruppe geraten bin, einem Vorbereitungsausschuß für das ökumenische Pfingsttreffen in Augsburg, in der von Einigkeit dieser Art nicht die Rede war.

Drei Sitzungen in Abständen von ca. sechs Wochen finden in Frankfurt statt, in denen von etwa vierundzwanzig Herren, Theologen und Psychologen beider Konfessionen und fünf Damen ähnlicher Struktur in aller Sachlichkeit an einem Arbeitspapier gebastelt wird, das unter dem Thema steht: Sorge für den einzelnen Menschen – individuelle Lebenshilfe.

Die Arbeitsgruppe hat sich rasch konsolidiert: Sie befindet sich in der Aura eines strahlenden Alphatieres, eines liebenswürdigen Professors, eines Psychoanalytikers, der sich zwar nur mühsam zum Vorsitz drängen ließ, aber der, selbst wenn sich ein anderer gefunden hätte, einfach kraft seiner Persönlichkeit unumschränkt und ohne jedes Machtbedürfnis alle Fäden in der Hand gehalten hätte.

Auf der dritten Zusammenkunft fehlt er. Das Interregnum erweist sich sofort als verhängnisvoll und zeigt damit, daß die Gruppe allein durch das seelische Kraftfeld eines einzelnen bestimmt worden ist und nicht durch einen echt solidarischen Geist: Ein evangelischer Pfarrer prescht vor, mit schwarzen, listigen Äuglein und einem roten Taschentuch in der Jakettasche. Es bildet seinen Ausweis. Er erklärt der Gruppe, daß unserem Konzept der „gesellschaftliche Aspekt" fehle und macht den Vorschlag, dem Arbeitspapier einen gesellschaftspolitischen Akzent zu geben.

Er formuliert den folgendermaßen: „Die helfenden Kirchen erkennen nur selten, daß sie selbst viele Nöte, die sie helfend lindern, mit heraufgeführt haben. Sie sehen kaum, daß sie Nutznießer inhumaner (‚räube-

rischer') gesellschaftlicher Verhältnisse sind: verflochten in das System von Ausbeutung, Profit und Leistung. – Gibt es einen Ausweg aus diesem Dilemma? Wir Christen und unsere Kirchen stehen unter der Chance und dem Ruf zur Umkehr. Dazu gehört heute vordringlich eine – mehr tätige als worthafte – Radikalisierung der aus christlicher Verantwortung betriebenen Gesellschaftskritik. Der Streit, ob man dabei marxistische Elemente aufnehmen dürfe, ist jedenfalls so lange müßig, als die Christen an einem radikalen Eintreten für die Menschlichkeit des Menschen und seiner Gesellschaft dem Weg der Marxisten weder eine eigene Theorie noch eine ungebrochene Praxis gegenüberstellen können."

Niemand springt auf, einige nicken erfreut, andere schauen betreten vor sich hin. Ich meine, als Laie den Fachleuten in der Verteidigung ihrer Bastionen den Vortritt lassen zu müssen; – nichts. Ich weise, um eine Tür aufzustoßen, daraufhin, daß der „gesellschaftliche Aspekt" nicht in unsere Thematik gehöre und ohnehin im Mittelpunkt anderer Diskussionsgruppen stünde. Man stimmt ab, wer auch dieser Meinung sei: Es ist die Mehrzahl; aber immerhin und wie ein Exempel im Kleinen ist die Zahl der Mitläufer unseres marxistischen Herrn Pfarrers zu einer recht kräftigen Minderheit angewachsen. Fast alle Frauen treten ihm und seinem eleganten Charme zur Seite. Der Organisator der Kirchentage ist zufällig gerade anwesend, als die Situation kritisch wird. Er erklärt, es gehöre zu den Gepflogenheiten der Kirchentage, vor allem den

Voten der Minderheiten einen breiteren Raum zuzubilligen. Man nickt zustimmend.
Ich platze. Ich sage ihnen, daß sie auf dem Holzwege seien, daß es eine ungeheuerliche und unwahre Behauptung eines kirchlichen Amtsträgers sei, daß das Christentum keine Theorie und Praxis der Menschlichkeit aufzuweisen habe, daß marxistische Elemente grundsätzlich etwas mit Marx zu tun hätten, mit einer antireligiösen Position, eben des dialektischen Materialismus, einer Haltung, vor der in der Bibel unmißverständlich gewarnt wird, daß es uns allenfalls anstünde, Menschen, die Feinde des Christentums seien, zu tolerieren, daß das aber niemals gleichgesetzt werden könne mit einer Aufweichung christlicher Entscheidungsklarheit. Sätze wie der vorangegangene, in einem öffentlichen Papier herausgegeben im Namen und mit Billigung der beiden großen Konfessionen, bedeute Treulosigkeit gegen unsere Aufgabe als Christen hier in der Welt.
Ich bekomme Mitstreiter. Der Protestant Manfred Seitz aus Heidelberg bekennt sich in all seiner geistigen Sensibilität, wie immer unerschüttert und ohne Pathos, mit glasklarer Logik. Der so kluge, stille Richard Hauser erhebt mahnend seine Stimme mit theologisch sicherer Argumentation.
Aber das hilft alles gar nichts. Was ist eine Mehrheit? Sie gilt nicht. Die Minderheit regiert, der Pluralismus hat die Macht. Unsere Argumente treffen ins Leere.
Ich lege mein Amt nieder. Ich lehne es ab, dieses Papier mit meinem

Namen zu unterzeichnen. Ich mache Augsburg noch mit, um kein Spielverderber zu sein, aber nur als Fußvolk.

Professor Brocher bekundet der Leitung schriftlich seine Betroffenheit. Auch an seine Stelle tritt ein anderer, einer, dessen Mantel richtig im Wind hängt. Das Skandalon und sein befriedigender Ausgang wird allseitig von den maßgeblichen Leuten als eine erfreuliche Würze, als lebendige Dialektik erlebt und in den kirchlichen Nachrichtenorganen entsprechend darüber berichtet. Alles ist in bester, in fröhlichster Ordnung.

Die Marschrichtung ist eingehalten, Störenfriede beseitigt. Punktum!

Das Tier, von dem in den Offenbarungen des Johannes die Rede ist, der Antichrist, tritt als Wolf im Schafspelz, als legale, als gehätschelte Minderheit, als erfolgreicher Marschierer selbst durch die Institution „ökumenische Kirche" bei ihrem ersten Pfingsttreffen selbstbewußt, gedruckt in Tausenden von Arbeitspapieren auf den Plan. Bei Johannes heißt es:

Und die ganze Welt staunte hinter dem Tier her … und sie beteten das Tier an, indem sie sprachen: „Wer ist dem Tier gleich und wer vermag mit ihm zu kämpfen." Und es ward ihm ein Maul gegeben, um prahlerische und lästerliche Reden zu führen, und es ward ihm die Vollmacht gegeben, es zweiundvierzig Monate lang so zu treiben. Und es tat sein Maul auf zu Lästerungen wider Gott, um seinen Namen zu lästern und sein Zelt, das heißt die, die im Himmel ihr Wohnzelt haben. Auch wurde ihm Macht gegeben, mit den Heiligen Krieg zu führen und sie zu besiegen, ja es wurde ihm Macht gegeben über jeden Stamm, jedes Volk, jede Sprache und Nation. Und alle, die auf der Erde wohnen, werden es anbeten."

Augsburg wird – mit Ausnahme der Bibelarbeiten am Morgen und der Gottesdienste am Abend – eine Mammutdiskussion, ein Mammutabstimmungsgeschäft von Resolutionen, die in Bonner Papierkörben einen raschen Makulaturtod zu sterben pflegen, ein aufwendiges Riesengeschwätz. Ohne Information gibt es keine wirkungsvolle Diskussion, ohne Sachkunde führen Fragen nicht zur Vertiefung. Fragen ohne den Nährboden eines Stück handfesten Wissens können nicht in drei Sätzen Antwort finden. Sie muß deshalb oberflächlich bleiben. Die Verabsolutierung des demokratischen Prinzips ist eine Folge der vertrauenslosen Beseitigung sachkompetenter Hierarchie und schmeckt nach der Eigenmächtigkeit des alten Adam.
Das führt dazu, daß die Ernte dünn wird, sich die geistige Fruchtbarkeit mindert. Damit büßt diese Zerrform eines eigentlich gut gemeinten und so notwendigen Willens zur Humanität so viel an Wirksamkeit ein, daß der Sinn des ganzen kostspieligen Unternehmens in Frage gestellt wird. Manche Augsburgfahrer – und eben gerade die ernsthaften, die ehrlich und zielgerecht Bemühten – werden heimgefahren sein in der Erkenntnis, daß sich dieser Aufwand an Kraft in Zukunft nicht mehr lohne.
Er könnte sich sofort wieder lohnen, wenn Christen es wagen würden,

ihre existentiellen Wahrheiten kraftvoll zu vertreten und deutlich erkennbar zu machen. Kraft zieht an, Schwäche stößt ab. Das „Tier“ gebärdet sich kraftvoll. Es verkündet mit geliehener Überzeugungskraft das Heil des Menschen durch seinen Pakt mit der Materie hier auf der Erde. Nachplappern kommt aber nicht eigener Rede gleich.
„Mit der Zeit gehen“ kann auch heißen, sie den Menschen zu stehlen; denn wenn die „Göttersöhne“ ihre himmlische Abkunft vergessen und sich allzu eng mit den Töchtern des Erdhaften verbinden, wird Untergang beschworen, wird Sintflut bereitet.

Unterkünfte

Ich habe in einer süddeutschen Großstadt zwei Vorträge zu halten, einen am Morgen innerhalb einer katholischen Arbeitstagung, einen am Abend in einem evangelischen Pfarrkonvent. Beide Veranstalter tagen in ihren eigenen Häusern. Sie bieten mir Unterkunft an – die einen in der Nacht vor meinem Vortragsmorgen, die anderen in der Nacht nach meinem Vortragsabend. Ich komme um 22.30 Uhr vor den Pforten des Klosters an. Eine freundliche schmiedeeiserne Lampe winkt einladend zu mir herüber, beleuchtet einen Klingelzug. Ich ziehe die Schelle. Auf leisen Sohlen nähern sich eilige Schritte. Eine Gestalt mit haubenumrahmtem Gesicht und freundlichen Augen öffnet weit und einladend die Tür. „Herzlich willkommen", sagt sie, „Sie sind unser Gast aus dem Norden?" Ich entschuldige mich wegen der Zugverspätung. „Aber nicht doch", wehrt meine Gastgeberin ab, „es ist doch selbstverständlich, daß ich warte, bis ein angemeldeter Gast im Hause ist." Eine Novizin steht im Gang, grüßt freundlich, ergreift mein Gepäck. „Sie werden müde sein von der weiten Reise. Ist es so? Wir haben Ihnen einen kleinen Imbiß deshalb gleich auf dem Zimmer servieren lassen. Bitte, stellen

Sie das Tablett heraus, wenn Sie fertig sind, damit der Essensgeruch Sie nicht stört.“

Wir schreiten durch weite Hallengänge und – Treppen. Wieder öffnet sich eine Tür. Mein Zimmer für diese Nacht. Eine kleine behagliche Lampe brennt.

„Wir haben die Heizung ein wenig gedrosselt, damit Sie in einer gemäßigten Temperatur schlafen; ist Ihnen das recht?. Nebenan befindet sich das Bad. Der Boiler ist geheizt. Sie können sich jederzeit durch ein Bad erfrischen. Morgen werden wir uns erlauben, Sie um 8.00 Uhr zu wekken und werden Sie gegen 8.30 Uhr zum Frühstücksraum geleiten. Um 9.15 Uhr beginnt dann ja Ihr Vortrag.“

Die beiden Nonnen machen eine freundliche, fast ehrerbietige Verbeugung. „Wir wünschen Ihnen, gut zu ruhen.“

Ich bin allein. Ein Abendessen wartet unter einer Aluminiumhaube. Apfel und Apfelsine leuchten appetitlich als Betthupferl herüber. Was für ein fürsorglicher Empfang, welch behutsame, taktvolle Gastfreundschaft!

Ebenso warm ist der Abschied nach dem schönen, wenn auch anstrengenden Arbeitstag. Eine der weißen Frauen steht stellvertretend für die Insassinnen des Klosters am Ausgang.

„Wir danken Ihnen“, sagt sie, „wir werden darum beten, daß Ihnen weiter viel Kraft geschenkt werden möge für Ihre so wichtige Arbeit.“

Nach einer halbstündigen Taxifahrt stehe ich vor einem zweiten schwarzen Portal. Es besteht aus einem etwa vier Meter hohen Eisengitter, ist von ebenso hohen Mauern umgeben und führt in einen Hof, hinter dem ein Haus mit verschlossenen Läden sichtbar wird. Ich drücke einen Klingelknopf.

Stille. Ich warte. Nichts.

Ich drücke abermals den Knopf, stärker, anhaltend.

Eine Stimme aus einem Lautsprecher: „Was wünschen Sie? Das Haus ist geschlossen."

„Das sehe ich", sage ich, „aber ich soll hier heute abend einen Vortrag halten."

„Der ist erst um 20.00 Uhr," schallt es ärgerlich zurück.

Es ist neunzehn Uhr.

„Ich bin hier aber auch zur Übernachtung angemeldet", sage ich.

„Das geht mich nichts an", quakt die Stimme aus der Wand.

„Ich bitte Sie aber dennoch, mir zu öffnen oder den Herrn zu holen, den es etwas angeht", sage ich und fühle, wie mir die abweisende Haltung die Kehle zuschnürt.

Keine Antwort. Dann der surrende Laut eines automatischen Türöffners.

Ich überquere den Hof, trete in einen Flur. Er ist dunkel. Ich lausche. Eisige Stille ringsum.

An einer Tür schimmert eine Aufschrift: Sekretariat. Licht dringt von dort durch einen Spalt. Ich klopfe. Von innen wird ein Schlüssel im Schloß umgedreht.

Ich klopfe erneut. Die gleiche Stimme, sie schnarrt: „Das Sekretariat ist geschlossen."
Ich kontere ärgerlich: „Dann werde ich wieder gehen; aber richten Sie bitte den Veranstaltern aus, daß man mich hier nicht eingelassen hat."
Wieder dreht sich der Schlüssel im Schloß. Die Tür wird hastig geöffnet. Eine Glatze mit Hakennase und verkniffenem Mund stößt zum Angriff vor. „Wer hat Sie hier nicht eingelassen?"
Phänomenal. Mein Ärger ist schlagartig dahin. Ich kenne diese Sorte von Zwangsneurotikern nur zu gut aus der Praxis – von den Vätern, die durch ihre Herrsch- und Streitsucht ihre Kinder ruinieren.
Sie imponieren mir immer wieder in ihrem hemmunglosen Rigorismus, und sie tun mir leid wegen der maßlosen Gewissensdiktatur, die sie um sich und in sich zu errichten gezwungen sind.
Unterwürfigkeit kann bei ihnen alle Ängste vor einem imaginären, von außen eindringenden Feind rasch beseitigen.
„Wie gut, daß hier noch Ordnung herrscht", erkläre ich infolgedessen – und um endlich in mein Zimmer zu kommen.
Flupp, sagt es, und der Geist aus dem Glas ist schlagartig eingeschrumpft und steht nun als winziges, ein wenig zerknitterte Gestalt vor mir.
„Anders kommt man hier nicht aus", murmelt es fast ein wenig beschämt entschuldigend, „erst neulich ist hier nachts jemand durch das Fenster gestiegen."

„Ja, um Himmelswillen, „ sage ich, „dabei sind doch alle Fenster verschlossen und haben Läden."
„Das ist die Vorschrift", sagt der kleine Mann und bebt schon wieder in zitterndem Zorn, „aber einer hat sich nicht daran gehalten und ließ es offen. „Das ist unglaublich", sage ich.
Mein Gegenüber – wie sich herausstellt, ist es der Hausherr der Institution und seines Zeichens Oberkirchenrat – wendet sich um und rasselt mit mächtigen Schlüsselbunden.
„Sie müssen zehn Mark hinterlegen", sagt er, „dann bekommen Sie einen Schlüssel für die Zeit Ihres Aufenthaltes hier. Das gesamte Gebäude ist hermetisch abgeschlossen" – und eifrig drohend wie ein wohlwollender Zauberer, der mir ein Stück seiner Vollmacht preisgibt – ein ungeheuerliches Geschenk – „dieser Schlüssel ist für die Tür links im Ostflügel."
Ich kenne weder Flügel noch Türen in diesem finsteren Gemäuer – ich bin müde, ich möchte mich noch ein wenig erholen. „Bitte, kann ich vielleicht auch meinen Zimmerschlüssel haben?"
Steife Abweisung. „Das geht mich nichts an. Ich sagte es Ihnen doch schon. Da müssen Sie sich an Pfarrer X wenden."
„Wo finde ich Pfarrer X?"
Ich bekomme nun tatsächlich eine umständliche Wegbeschreibung durch Gänge, über Treppen. „Haben Sie auch ein klein wenig Licht für mich?" frage ich ganz unterwürfig. (Das ganze Gespräch fand bisher zwischen Tür und Angel im dunklen Flur statt, denn schließlich: das

Büro ist ja geschlossen). Nun flammt als höchste Ehre und Verschwendung eine Deckenleuchte auf.
Ich winke dankbar zurück, mache mich mit meinem Koffer auf durch hallende Flure, die so blitzblank sind, daß man auf Schlittschuhen wesentlich sicherer und schneller vorwärts käme.
Das kann ja lustig werden, denke ich, was für eine Modellfigur ist dieser Amtsträger!
Ein Zwangsneurotiker als Kalfaktor in einer modernen Tagungsstätte ist immer eine vollständig überforderte, tragische Figur; denn seine seelische Erkrankung besteht in der Angst vor Einbrüchen und Ausbrüchen seiner eigenen Lebenskräfte. Deshalb ist er – ohne das auch nur spurweise zu ahnen – immerzu darauf bedacht, sich abzuriegeln, einzuigeln, das Böse von sich fernzuhalten und den Bestand zu wahren, die Macht zu halten. Zwangsneurotiker sind, weil sie diese ihre Ängste nach außen projizieren, immer Geizhälse. Bei ihnen ist es kalt und dunkel. Aber herrschsüchtig und quälerisch wird Ordnung und Sauberkeit erzwungen.
Ich finde Pfarrer X. Er führt mich in mein Zimmer. Es ist eiskalt, spartanisch ordentlich.
„Ich muß Sie noch mit der Hausordnung vertraut machen", sagt er und sieht mich aus traurigen Dackelaugen an.
Ich wehre lachend ab. „Ich weiß, daß Sie das müssen", erwidere ich, „aber es kann für uns beide ausreichen, das zur Kenntnis genommen zu haben."

Der junge Pfarrer lebt in diesem Haus. Er sieht aus wie ein frierendes Waisenkind, das an der Ecke des Marktes Zündhölzer verkaufen muß. War es vielleicht doch *der* fundamentale Fehler Luthers, die große Mutter, die Himmelskönigin, mit ihren hellen, warmen, bergenden Mänteln vor die Tür zu weisen?
Als ich in diesem Haus mein Sach' getan hatte, steht keiner an der Tür, um mir den Segen zu schenken. Barsch wird mir mein geliehenes Recht – der Schlüssel – abgefordert, und ich unterschreibe, daß ich mein Pfand – zehn Mark – zurückerhalten habe.
Ich kaufe davon ein Blümchen, eine sanft nickende Orchidee, einen Frauenschuh, klettere zurück über ein verschwiegenes Pförtchen im Garten, schleiche durch eine vorsorglich vorher von mir entriegelte Hintertür und stelle es dem jungen Pfarrer vor seine vorschriftsmäßig verschlossene Klause. Jeder Diktatur ihre Revolte.

Auch in bezug auf jene Nachtquartiere, die von Veranstaltern auswärts für mich gemietet werden, habe ich zuerst Lehrgeld zahlen müssen; jedenfalls bin ich im Laufe der Jahre dazu übergegangen, mit Hilfe eines Hotelverzeichnisses, des vorzüglichen und zuverlässigen „Wartaführers" nachzuprüfen, ob das Zimmer, das angeblich „in einem der besten Häuser unserer Stadt" für mich reserviert ist, wirklich als ein solches angesehen werden darf und mir zumutbar ist, denn leider bin ich, was das Schlafen anbelangt, eine Prinzessin auf der Erbse. Tropft der Wasserhahn, ist die Wand so dünn, daß man des Nachbarn Schnarchen hört,

knarren die Dielen, mieft das Bett, so kann ich mich getrost mit einem Packen Literatur auf eine schlaflose Nacht einstellen, was auch nur lustvoll bleibt, wenn eine Nachttischlampe vorhanden ist, die stundenlanges Lesen oder Schreiben ermöglicht.
Beim ökumenischen Pfingsttreffen wurde ich sinnigerweise in einem berüchtigten Stundenhotel der sonst so überaus bürgerlichen Stadt einquartiert. An Schlafen war dort überhaupt nicht zu denken – allein schon wegen der bis 4.00 Uhr morgens im roten Kaschemmenschein dudelnden Musikbox des Lokals im Parterre. Aber auch der Rest eines solchen Geschäftslebens- und treibens besteht ja nicht aus Schweigen.

In einer rheinländischen Kleinstadt suche ich lange im Dunklen nach dem Hotel Dümperhof und erzeuge bei den befragten Passanten nur Kopfschütteln. Schließlich ruft einer: „Ach, Sie meinen wohl den Bauern Dümper – stimmt überhaupt, der nimmt manchmal Leute auf!"
Ich finde denn auch weit vor der Stadt und von dem Ort meines Wirkens entfernt eine Pappelallee, die zu einem einsam entlegenen Gehöft führt. Kläffendes Hundegebell. Eine dralle Mittdreißigerin erscheint im Türrahmen.
Für mich sei ein Zimmer reserviert in Dümpers Hotel, ob's damit stimme.
„Ja, richtig", sagt sie, Dümpers wären sie. Aber von einer Reservierung wisse sie nichts. Durch Herrn Knöterich? Ja, natürlich, den kenne sie.

Aber nu, ihre beiden Gästezimmer seien besetzt. Da müsse wohl ein Irrtum vorliegen.
Ich zeige ihr meinen Brief, das Datum; bitte sie, mit Herrn Knöterich zu telefonieren. Sie tut das.
Herr Knöterich eilt herbei. Er ist in der Tat eine bemerkenswerte Pflanze. Er schimpft mit Rosi – Rosi schimpft mit ihm. Es ist noch eine Stunde Zeit bis zum Vortrag. Rosi telefoniert im geweihbehängten „Komptor" mit verschiedenen Konkurrenzunternehmen („da würden Sie es aber nicht so bequem kriegen wie bei uns!")
Nirgendwo ist ein Bett für mich frei. „Heinz Rühmann gastiert hier, wissen Sie."
Ich schätze Heinz Rühmann. Falls *alle* Bürger der Stadt bei ihm lachen wollen und nicht bei mir, gehe ich bestimmt noch hin.
Nein, kein Bett. – Rosi hat einen Einfall: Sie hat ein Notquartier, im Wohnzimmer. Ich bin bange. Ich habe zwar meine gesamte reifere Jugend in Notquartieren verbracht (mitsamt den lieben kleinen schlafmindernden Schlafgenossen aus den Strohsäcken – aber schließlich wird man älter.
Dümpers Wohnzimmer ist umwerfend. Diesmal röhrt ein Hirsch als noch lebendes Abbild von der Wand auf mich nieder. Die Nippes auf der Schleiflackanrichte klirren bei jedem Schritt in modischer Dissonanz. Es riecht nach Bohnerwachs.
Aber das Bett, das da unversehens in der kalten Pracht steht, ist breit
 und groß und vermutlich auch weich. Grelles Licht aus dem kerzen-

nachahmenden Kronleuchter – die Gardinen kann man nicht zuziehen. Ein Wohnzimmer eben.
Man kann mit so vielem zufrieden sein. Ich beschließe, es zu sein.
Auf der Fahrt zum Vortrag frage ich Herrn Knöterich, der neben mir in meinem Auto sitzt, warum er denn die Leute, die er einlädt, nicht in einem guten Hotel in der Stadt unterbringe.
„Ach, wissen Sie", sagt er, „ich wohne nun 'mal da draußen. Ein Auto habe ich nicht. So ist es doch am einfachsten bei Rednern, die mit dem Wagen kommen: Ich bin gleich parat, und Sie können mich mit herein- und wieder herausbringen. Eine Hand wäscht die andere."

Ich bin doch ziemlich übernächtigt zerknittert, als ich in Dümpers Komptor mein Frühstück einnehme. Rosi erläutert die Zusammensetzung der Mahlzeit: Eier gibt es zur Zeit nicht, die Hühner legen nicht. Überhaupt lohnt es sich damit nicht mehr, nur Großbetriebe, Hühnerfarmen, rentieren sich. Auch die Kühe sind abgeschafft. „Hat ja keinen Zweck mehr, wir kaufen, wie Sie, die Milch in der Tüte im Konsum."
Alle sitzen um mich herum, der Bauer schweigend mit Pfeife. „Das ist uns're Frieda – und hier unser Max." Sie staunen mir die Brötchen in den Mund. Warum staunen sie wohl so? Testen sie, ob ich merke, daß ihre Butter eine deutliche Erinnerung an Rama, die feine, weckt in all ihrer kunstreichen Rosettenverzierung?
Als ich abfahre, weiß ich so ziemlich alles über den Hof und die so ungemein tüchtige Inhaberin von Dümpers Hotel.

Knöterich winkt dringlich aus dem Fenster seines Hauses. Ich winke zurück, heble mein Gaspedal. Wer weiß, was für Kombinationen mit mir ihm über Nacht noch eingefallen sind und ihm als ungemein praktisch und praktikabel erscheinen könnten.

In den ersten Jahren meines Reisens habe ich noch nicht gewußt, daß es unumgänglich ist, mit den Kräften hauszuhalten. Ein solches Nachdenken, Horten und Einteilen ist einfach nicht meine Sache. Es liegt mir nicht. Deshalb fand ich es immer am einfachsten, wenn die Veranstalter mir in ihrer eigenen Wohnung ein Nachtquartier anboten. Kinderreiche Pfarrer erweisen sich als am meisten gastfreundlich. Es ist sowieso alles ein Topf.

„Bitte", sagt ein solcher zu mir nach einem Vortrag, „ich habe leider noch mit dem Chor zu tun, meine Frau auch, schauen Sie, da drüben leuchten schon die Fenster unseres Pfarrhauses durch die Büsche. Gehen Sie doch schon vor. Unsere Älteste weiß Bescheid und wird Ihnen Ihr Zimmer zeigen. Wir kommen dann bald nach – und Sie trinken dann hoffentlich noch ein Glas Wein mit uns?"

Ich läute. Von innen wird die Tür aufgerissen. Ich sehe ein Knäuel von verhakelten rotbestrumpften Armen und Beinen. Schreien, Juchzen, Klagelaute.

„Maamaa", ruft eine Stimme hinter einem Vorhang. „Sieh nur, wie sie sich zanken, wie sie sich kloppen. Sie hören einfach nicht auf mich. Du *mußt* sie strafen, am schlimmsten ist Thomas, Steffen ist auch ekelhaft."

Platz zum Eintreten ist nicht da, aber als unversehens das Schlachtfeld sich im wogenden Getümmel von der Tür entfernt, schlage ich sie mit lautem Klirrbumm hinter mir zu.
Erschrecktes Auffahren, fünf Augenpaare schauen, zu Salzsäulen erstarrt, zu mir herüber. Ich vermerke: Nichts von Feierabend, ein Berufsmorgen kommt auf mich zu.
„Tag", sage ich deshalb erstmal. „War ja wirklich 'ne dolle Schlacht. Fast wie die Könige von Griechenland, als sie die Stadt Troja eroberten, habt Ihr gekämpft."
Ich hoffe, daß der Köder lockt. Am Abend ist Geschichtenerzählen legitim und nicht so entnervend wie das entwicklungspsychologisch so unumgängliche Vorüben der Knaben zwischen fünf und zwölf Jahren auf Kampf- und Verteidigungshaltungen in ihrem späteren Männerleben als gereifte Helden.
„Hatten denn die Könige von Griechenland auch Pistolen?" fragt ein Knirps von acht Jahren mit einer Moritz-Locke.
„Pistolen? So 'was Dummes benutzten die damals noch nicht", sage ich und setze mich auf meinen Koffer, „neehee, die hatten Schwerter – aber was für welche – so lang – und so breit, einmal so und einmal so", ich wedele mit den Armen, „und sie hauten zehn Trojaner auf einen Streich um."
Staunende Münder. „Hatten die auch Panzer?"
„Panzer, die? Nee, das wäre unter ihrer Würde gewesen. Dafür hatten sie ein riesen-riesengroßes Pferd, so hoch wie Euer Haus."

Andächtig starren fünf Köpfe gegen die Decke. Gefaltet liegen die Patschhändchen der streitbaren Pfarrersöhne im Schoß. Der Köder sitzt, sie hören zu.
Der Sonntagschoral sitzt anscheinend nicht. Pfarrers müssen noch lange üben. Wir haben derweil Troja gebrandschatzt, die wunder-wunderschöne Prinzessin befreit und befinden uns auf den Irrfahrten des Odysseus.
Jeder kleine Junge ahnt alle diese Irrwege. Die Circe, Skylla und Charybdis, die Schlaumeierei mit irdischen Zyklopen, Säuseln um Nausikaa und die so sauberen Gewissens ausgefochtenen Freierentrümpelungen – das alles liegt längst als Schicksalsweg auf dem Grund ihrer Seelen und wartet nur auf all die Abenteuer, die Odysseusvariationen in ihrer eigenen individuellen Wirklichkeit. Aber die Ahnung läßt sie sanft erschaudern, fasziniert sie mit Recht.
Zwei Stunden später bin ich umrankt von vier rothaarigen, satt erzählten, müden Lockenschöpfen, zwei an den Schultern, zwei im Schoß – nur die süße Älteste, die überforderte Helena, schläft zu meinen Füßen, enlastet vom zu frühen Erziehungsgeschäft.
Den Eltern erscheint dies Bild bestaunenswert, als sie endlich erscheinen. Sie halten mich wohl für eine Art magischen Dompteur. Sanft erledigt sich das sonst so ergebnislose Geschäft des Insbettbringens. Auch Helden müssen schlafen nach des Tages abenteuerlicher Last.
Ich würde den Wein gern ausschlagen und auch schlafengehen – aber Männerzähmung mit verbalen Mitteln macht durstig. Es ist weit nach

Mitternacht, als mir die Pastorin das Gastzimmer im freundlich hergerichteten Keller anweist.
„Ach, in dem Bett hat 'grad eine kleine Nichte geschlafen, es ist noch ganz frisch – das wird Sie doch nicht stören?
Ich schüttle den Kopf, brav. Wer wird der Frau Pfarrer Arbeit machen wollen zu dieser späten Stunde! (Mir wäre die Nichte auch ganz ehrlich recht, wenn ich nur wüßte, ob sie zu den sich bewässernden Mitgliedern der menschlichen Gesellschaft gehört).

Es ist noch tiefe Nacht, als ich ein leises Geräusch an der Türe höre. Ich bin viel zu müde, als daß mich das aufregen könnte. Plötzlich schnorchelt ein Atem, ganz nah, an meiner Nase.
„Kannst Du jetzt weiter erzählen?“ flüstert eine Stimme weich und schmeichelnd. Es ist Pfarrerssohn Nummer vier.
„Christoph“, sage ich schlaftrunken, „süßes Ungeheuer, es ist doch noch mitten in der Nacht! Geh, schlaf noch ein wenig, bis es Tag ist.“
„Kann ja nicht mehr – oder vielleicht doch, bei Dir?“
Ich schlage die Decke auf, er kuschelt sich ein, seufzt, schläft.
Ja, so sind sie von Anbeginn an, diese Herrn der Schöpfung, erst wecken, dann wieder einschlafen, alles im Handumdrehen – und wir haben das Nachsehen.
Ich muß aber doch auch wieder eingeschlafen sein, denn als ich endgültig wach werde, hat sich der kastanienrote Krauskopf vervierfacht. Alle haben sie Platz gefunden; nur die überforderte Helena steht vor dem

Bett und schluchzt schmollmäulig: „Und mich, mich lassen sie nicht, die Buben!“

Ja, so ungerecht geht es zu in der Welt.

In den meisten Häusern von ähnlicher Gastfreundschaft fehlen grundsätzlich und konsequenterweise die Schlüssel in den Gastzimmertüren. Weil ich aber auf diese Weise mit einer Wahrscheinlichkeit, die den Charakter einer statistischen Erhebung hat, zu der Erkenntnis gekommen bin, daß Nachtschlaf eine erfrischende Wirkung hat, die mit dem schwächlichen Bohnenkaffee der Frau Pfarrer oder ihrem fröhlichen Vermerk: „morgens trinken wir alle Kakao“ allein nicht zu ersetzen ist, bin ich dazu übergegangen, mir meine Unterkünfte selbst auszusuchen – bei aller Liebe zur Odyssee.

Ich habe auf meinen Reisen in vielen Schlössern und Trutzburgen gewohnt – das wunderbarste war das Schloß Tutzing am Starnberger See, die Heimstatt einer evangelischen Akademie. Auch da habe ich nicht geschlafen – aber um Köstlicheres zu erleben.

Denn dort erscheint rot und golden um 4.00 Uhr morgens die Sonne persönlich im Zimmer, dessen Fenster ich vorsorglich weit für sie geöffnet habe. Sie erscheint gekleidet im mattblauen Mantel des Sees, mit orangefarbenen und silbernen Fäden durchwirkt, umwallt von hauchdünnen Luftschleiern und im Sphärengesang eines Vogelkonzerts auf seinem jahreszeitlichen Höhepunkt. Und da dieses Schloß einen weisen und humanen Herrscher hat, bringt man es zustande, um 4.00

Uhr morgens die vergoldeten Portale, die über Terrassen, Brünnlein und Freitreppen in den Park führen, zu überwinden und auf nackten Sohlen über die weiten betauten Rasenflächen, vorbei an uralten Baumriesen hinabzulaufen, hinabzujubeln, glückzutaumeln auf diesen See, auf diese Sonne zu.

Büchertische

Irgendwann hatte ich die Frage meiner Zuhörer: Wo kann man das nachlesen? satt und beschloß, das für Laien Wissenswerte aus der Psychopathologie und meine eigenen Berufserfahrungen, Forschungen und Erkenntnisse in einfacher Sprache aufzuschreiben und zu publizieren.
Es erwies sich aber als ein großer Irrtum, zu meinen, das Problem sei damit gelöst. Nachdem ich eine Weile bei meinen Vorträgen auf die Publikationen hingewiesen und erklärt hatte, daß sie im Buchhandel erhältlich seien, kam es zu einer Flut von Anrufen und Briefen: „Mein Buchhändler sagt, das gäbe es nicht. Wo kann man trotzdem ihre Bücher bekommen?"
Erst allmählich begriff ich, daß es für einen Buchhändler kaum ein lohnendes Geschäft ist, ein Einzelexemplar eines Taschenbuches zum Preis von 2,90 DM oder 3,80 DM beim Verlag zu bestellen.
Danach versuchte ich über die Veranstalter, die ortsansässigen Buchhändler zu einem Büchertisch anzuregen. Das klappte zunächst so gut wie nie. Sie erschienen eben nicht („das tun unsere Angestellten heute nicht mehr, sich am Abend irgendwo einzusetzen; ach, das lohnt sich unserer Erfahrung nach doch nicht"). Mein Telefon zu Hause stand

derweil nicht mehr still. So blieb mir nichts anderes übrig, als die Sache selbst in die Hand zu nehmen; denn meine Bücher sind von mir ganz bewußt als Multiplikatoren gedacht. Sie sollen helfen, wachzurütteln, die Vortragsanregung zu verarbeiten, genauer informieren. Es ist unsinnig, sich in vielen teedurchtränkten Nachtstunden die Mühe solchen Schreibens gemacht zu haben in der Bedrängnis des Wissens um die zukunftsgefährdenden Umgangsweisen mit Kleinkindern, wenn die Bücher dann aus Ungeschick und Trägheit zu Verlagsladenhütern werden.

Ich ging also dazu über, die Bücher für die ortsansässigen Buchhändler nach den Vorträgen selbst zu verkaufen, mit befriedigendem, mit bestem Erfolg. In *dieser* Hinsicht hat mein Telefon Ruh'.

In jüngster Zeit ist es allerdings in mehreren Städten dazu gekommen, daß auch Abgesandte aus dem Buchhandel zur Eigengestaltung von Büchertischen auftauchten.

Viele aufgeschlossene, wache Persönlichkeiten lernte ich unter den Buchhändlern kennen, und es kam mit ihnen zu vielen aufschlußreichen Gesprächen und einer guten Zusammenarbeit. Allerdings traf ich auch unter ihrem Personal auf viel Unkenntnis in Verkaufstechnik. Es scheint in den Berufsschulen keine hinreichenden Informationsmöglichkeiten zu geben; die meisten jungen Damen könnten bei mir jedenfalls in diesem Fach allenfalls ein knappes „Ausreichend" erzielen.

Den Höhepunkt an verkaufstechnischem Ungeschick erlebte ich in einer rheinischen Großstadt.

Ich bin zu fünf auf drei Tage zusammengeballten Vorträgen dorthin gekommen. Meine ortsansässige Studienfreundin Elisabeth, ein Ausbund an Energie und Tatendrang, hat die Vorarbeiten mit der Buchhandlung übernommen und will mit ihren Töchtern den Verkauf übernehmen. Wir verstauen Hunderte der vorbestellten Exemplare in unserem Kofferraum. Die Buchhändler erklären aber, an einem Festakt mit Oberbürgermeistern, Ministern und Frau Wilhelmine Lübke als Ehrengast die Sache selbst übernehmen zu wollen. Ich rate ihnen noch, den Büchertisch rechtzeitig vor Beginn der Veranstaltung herzurichten. Jawohl, jawohl!
Als ich zwei Minuten vor zehn Uhr etwas hastig (Überpünktlichkeit ist nicht meiner Freundin Elisabeth Sache – und wer findet schon morgens um zehn Uhr einen erlaubten Parkplatz in der City –, deshalb gaben wir uns auch mit einem unerlaubten zufrieden) –, als ich mich also etwas hastig der erlauchten, vollzählig versammelten Festgemeinde nähere, sehe ich vor mir zwei miniberockte Buchhändlerinnen mit Bücherkisten die Treppe heraufschlendern. Sie hätten die meisten Bücher bereits ausgepackt, jawohl, dies seien die letzten. Nun ja, besser wäre es freilich gewesen, eine halbe Stunde vor Vortragsbeginn hinter seinem Tisch zu stehen; denn die Zuhörer, die zu früh gekommen sind, nutzen die Zeit mit besonderer Vorliebe, um eine Prise Literatur zu sich zu nehmen. Von der Textprobe angezogen, wollen sie auf alle Fälle schon einmal kaufen – sicher ist sicher. Denn, meine lieben Buchhändler: zu früh erscheinende Menschen sind entweder brennend gerade an dieser Sache

interessiert, oder sie gehören zu denen, die gern auf Nummer sicher gehen. Erscheinen Sie mit Ihren Paketen erst zehn Minuten vor der angesetzten Zeit, könnten Sie mindestens ebensogut noch eine Stunde irgendwo Kaffee trinken; denn kurz vor Beginn des Vortrags erscheinen die Zielstrebigen, die Nüchternen. Die kaufen ohnehin keine Katze im Sack. Die hören erst einmal zu und verschaffen sich selbst ein Urteil. Und auch wenn die Pünktlichkeit der Zuhörer von einem Busfahrer abhängt, der die Damen aus entlegenen Dörfern heranschleppt, haben Sie zehn Minuten vor Vortragsbeginn keine Aussicht auf Verkaufserfolge. Denn diese Damen, deren geistiges Leben von Busschaffnern abhängt, sind auf *ein* Problem fixiert: einen Platz zu finden, im Bus, im Saal, beim Mittagessen, koste es, was es wolle.
Fixierungen jeglicher Art blockieren aber Offenheit für neue Interessen. Sie könnten auch einen Ausrufer mit Tutrohr neben ihren Büchertisch stellen: die zwei Minuten vor zehn Uhr dem Bus entströmenden Damen würden ihn nicht hören, noch Ihren Tisch auch nur sehen.
Die erste These meines Exkurses für Buchhändler lautet daher: Ein tüchtiger Verkäufer lädt eine Dreiviertelstunde vor Veranstaltungsbeginn seine Ladung aus und konzentriert seine Verkaufstätigkeit auf das mittlere Drittel.
In Köln mißlang nicht nur dies: Nach meinem Vortrag und vielem Lob der Minister macht der Veranstalter den Vorschlag, eine kleine Pause einzulegen und empfiehlt, sie für den Büchertisch auf dem Flur zu nutzen.

Man entströmt flügeltürig, hastig – und flutet zurück mit enttäuschten Gesichtern. Die Tische sind zwar da, aber leer – leergefegt. Unsere reizenden Verkäuferinnen sind wieder abgezogen!
Elisabeth kocht. Sie rast mit einer Miene wie Beethoven, als er die Wut über den verlorenen Groschen komponierte, zurück zu ihrem unerlaubten Parkplatz. Der schon von ferne winkende Strafzettel vermehrt ihre Adrenalinausschüttung, beflügelt ihren Schritt und ihre Kraft. Mit Bergen von Büchern aus dem Fond ihres Wagens kehrt sie zurück. Zwar klatscht der Veranstalter schon in die Hände, um zur Beendigung der Pause und zu neuen gemeinsamen Taten aufzurufen, aber die Besucher sind nicht mehr zu bremsen. Elisabeths Büchertisch floriert.
Dennoch: Mit einer umsichtigen Planung, mit einem Angebot *aller* vorhandenen Bücher und mehreren Verkäufern hätte sich die Mühe dreifach gelohnt.
Meine zweite These für Buchhändler lautet daher: Ein tüchtiger Buchverkäufer verabredet mit dem Veranstalter eine Pause nach dem Vortrag und bittet ihn, bei deren Ankündigung auf den Büchertisch hinzuweisen. Ein tüchtiger Buchverkäufer trägt durch Parathalten von Wechselgeld, Quittungsblocks, Verkäuferverstärkung durch Personen, die wie er Preise und Endsummen im Kopf haben (jawohl, im *Kopf*) der Gegebenheit Rechnung, daß er es mit einem kurzfristigen Stoßbetriebsunternehmen zu tun hat. Man kann – so hat mich meine buchhändlerische Erfahrung gelehrt – auf diese Weise in zehn Minuten mehr als hundert Bücher verkaufen.

Wo waren die kleinen Mädchen geblieben? Was für einen Grund hatten sie, sich der westdeutschen Handelsatmosphäre durch Unsichtbarmachen zu entziehen? Elisabeth, eine Forschernatur katexochen, ging auch dieser Frage nach und enthüllte das Geheimnis zu enttäuschender Banalität: Sie hatten ihre Pakete an einen anderen Ort geschleppt, dorthin, wo der Verein ohne Ehrenpublikum und öffentliche Vertreter mit seinen wenigen Delegierten am Nachmittag exklusiv weiterzutagen gedachte. Wir überzeugten uns: Dort gab es wirklich in einem verschwiegenen Nebenkabinett einen zu Schriftenbergen getürmten Tisch mit Hunderten von Exemplaren. Sie werden sie nicht verkauft haben.

Im Finden von verschwiegenen Orten, wo fern vom Zentrum der Ereignisse der Büchertisch ein unentdecktes Dasein führt, sind Buchhändler überhaupt ganz groß. Hausmeister sind oft dabei behilflich. Sie sorgen nämlich dafür, daß sich den einströmenden Gästen des Hauses keine Hindernisse in den Weg stellen. Der Büchertisch wird im Zuge solcher Überlegungen hinter die Bühne, auf deren nicht in Aktion tretenden Flügel oder seitlich vom Toilettentrakt postiert. Selbst fleißigen attraktiven kleinen Mädchen gelingt es auf diese Weise, auf all ihrer Ware sitzen zu bleiben.
Abseitige Postierungen in zugigen Fluren sind aber – die gesundheitlichen Beeinträchtigungen eingeschlossen – noch in anderer Hinsicht gefährdet: Sie bedürfen der minutiösen Überwachung. In Hannover erlebte ich einmal, daß eine junge Abgesandte aus dem Büchergeschäft

dies nach Schluß der Veranstaltung nicht mehr für nötig erachtet hatte. Als sie zurückkam, war der Büchertisch leer – die Vorübergehenden hatten sich unentgeltlich eingedeckt.
Meine dritte Buchhändlerthese lautet daher: Setzen Sie es durch, daß Ihr Büchertisch innerhalb des Saales, und zwar an seinem Ausgang, postiert wird. Bringen Sie deutlich sichtbare Preisschilder an, damit niemand sich darüber hinwegtäuscht, daß sich hier kein aus Steuergeldern finanziertes Unternehmen großspurig loyal gebärden kann, sondern die Verluste auf Kosten von Privatunternehmern oder einer kleinen, weinenden Angestellten gehen.
Viele Büchertische leiden unter der heute üblichen fettäugigen Überfülltheit. Es schärft weder den Geist der Käufer, noch mehrt es das Geschäft der Händler, wenn sie zu einem Vortrag über Kinderpsychologie anschleppen, was der Laden hergibt an Gedrucktem über das Kind. „Alles über das Kind", vom Diätbuch für den Säugling bis zur roten Indoktrination mit Aufklärung über Ausbeutung oder sexueller Repression für Siebenjährige, ist kein Ausweis für die Potenz der Buchhandlung, sondern ein Zeichen dafür, daß sie Quantität mit Qualität verwechselt. Quantität aber nivelliert, erdrückt, macht orientierungslos und mindert damit – das sei nur nebenbei verraten – auch die Erwerbslust. Nicht nur bei der Wohlstandsjugend, sondern ganz generell ist lustlose, gelangweilte Passivität die Folge sinnloser Überfütterung mit Stoff.
 Meine vierte These als Tip für Büchertische: *Weniger ist mehr.* Man

beschränke sich an einem Vortragsabend auf die Werke des Redners, habe sie aber *alle* parat (das klappt nur, wenn man sie bei den Verlagen mindestens vier Wochen vorher bestellt) und zeige sie nur in beschränkter Anzahl auf den Tischen. Gestapelte Bücherberge erzeugen in unseren überfütterten Zeitgenossen ähnliche Abneigung, wie der Anblick eines übervollen Tellers mit fettem Schweinefleisch bei unseren Wohlstandskindern.
Viele Buchhändler entschwinden, wenn die Pause vorüber ist und die Diskussion beginnt. Auch Überstunden müssen einmal ein Ende haben, meinen sie wohl – fälschlicherweise. Denn es zeigt sich regelmäßig, daß am Schluß der Versammlung ein großes Klagen und Nachfragen beginnt. Es kommt von den vielen Zuhörern, die erst das lebendige Wechselgespräch davon überzeugte, daß der Fachmann seiner Sache gewachsen, daß seine Ausführungen hieb- und stichfest sind. Diese Sorte ist, wenn sie erst einmal Feuer gefangen hat, sehr gründlich – *alle* Bücher wollen sie haben, alle neune, von jedem eins. Oft muß ich dann à la Elisabeth noch einmal an den Kofferraum oder stehe, von einer Traube von Unerschütterlichen umringt, vor meiner Autoklappe wie der „fliegende Bäcker" oder der alte Milchmann mit der Schelle. Aber so einer *will* ich auch sein. Einer, der seine Handglocke schwingt, draußen im Wind, und der in die Krüge die Milch schüttet, für ein paar Pfennige, damit alle ihren Durst stillen können – aus Quellen, aus denen Gutes, Nährendes, nicht Betäubendes oder gar Giftiges, Böses fließt.

Begegnungen

Ich habe auf meinen Reisen nicht nur erhabene Türme und herausragende Berge erklettert, ich habe auch „hervorragende“, große Persönlichkeiten kennengelernt, Helden mit und mehrere auch ohne Namen, Sand im Getriebe des Zeitgeistes, zähe Schwimmer gegen den Strom, Menschen mit einem klaren Sinn.
Max Himmelheber ist einer von ihnen. Ein kleiner Mann mit einem Bismarckgesicht und ein ebensolcher Vulkan wie er. Seine durchdringend blauen Augen können von heiligem Zorn blitzen, und sein schmaler Mund kann weiche, gefühlstiefe Stimmungen formulieren. Er ist Unternehmer, Ingenieur, Techniker. Er baut Fabriken in aller Welt. Er ist tüchtig und unendlich fleißig. Aber er ist kein Materialist. Er gehört zu den wenigen, die sich die Erde untertan machten, ohne die Ehrfurcht vor ihr zu verlieren. Er gehört zu der kleinen Schar, denen ihr Reichtum nicht zu Kopf stieg und in seinen berauschenden Sog riß. Er machte sich zunächst die Erde, das Materielle, in sich selbst untertan, indem er ein Dienender blieb, ein Horchender, ein Herrscher über viele Angestellte, der nicht vergaß, selbst ein Angestellter zu sein. Er trägt deshalb seinen Namen zu Recht.

Max Himmelheber hat viele Ideen. Er verarbeitet die Abfallberge zu Kunststoffplatten (in der Einsicht, daß wir Gefahr laufen, in unserem eigenen Dreck zu ersticken), er hat im Verein mit einigen getreuen Freunden eine Zeitschrift von hohem Rang, die „Scheidewege", gegründet, eine Zeitschrift, in der wirklich noch geistvolle Arbeit geleistet wird. Er kämpft in Gremien und Vereinen unter hohem Einsatz seiner eigenen Mittel für die Rückkehr zum Menschen. Er leitet seit Jahrzehnten eine Jugendgruppe, betreut den Werdegang der Jungen durch die Pubertät hindurch, oft bis weit ins Studium hinein. Ich habe eine ganze Anzahl seiner „Kinder" kennengelernt. Sie sind von seinem Geist, nicht allein von seinem Geld geprägt.
Fast wäre ihm die geistige Vereinigung von Kirche und Naturwissenschaft gelungen – damals in Baiersbronn. Dann wäre ein überkonfessioneller Orden ins Leben gerufen worden, der es sich zur Aufgabe gemacht hätte, eine Elite glaubensstarker Menschen mit großer Ausstrahlungskraft heranzuziehen und sie als Leuchttürme für die orientierungslosen Menschen in den Dienst der Welt zu stellen.
Zur Zeit arbeitet er an einem Notprogramm zum Überleben für die, die bereit sind, doch noch rechtzeitig die Augen aufzumachen – wie Noah; denn wie alle Wachen heute ist er erfüllt von Sorge um die Zukunft der Menschheit.

Einmal bin ich einem Erzengel begegnet. Zuerst erkannte ich das gar nicht: Da begibt sich ein kleiner, alter Mann auf das Podium mit tiefliegenden Augen, mit einer großen scharfen Nase und einem kleinkleinrandigen Mund. Extrem dünn ist er, gewissermaßen nur Haut und Knochen.

Aber seine Rede ist nicht knöchern. Sie wird mächtiger und mächtiger, seine Gestalt größer und größer, und sie beginnt zu leuchten. Das ganze große Riesenzelt leuchtet. Ich weiß nicht, ob es alle sehen. Er spricht von der Urbeziehung, der Urrelation des Menschen auf ein Absolutes hin. Er sagt ungeschützt und ohne Umschweife Wahrheit, *die* einzige große Wahrheit und weist den Menschen in die Notwendigkeit seiner Entscheidung zwischen Tod oder Leben: „Es geht jetzt nur darum, auf welche Seite wir uns schlagen", endet sein großer himmlischer Posaunengesang.

Die kleine Gestalt verliert sich in der Menge. Ich finde sie nicht mehr. Ist sie unsichtbar geworden?

Drei Tage nach dieser Erscheinung stehe ich – noch vor der Schlußkundgebung der Mammutveranstaltung, auf der ich keine Funktion mehr habe – reichlich früh auf einem Bahnsteig und warte auf den Zug, der mich wieder heimführen soll.

Da steht er unversehens vor mir, jener Redner, angeblich heißt er Heinrich Spaemann und stammt aus Überlingen, wo er Rektor und Pfarrer in einem Spital ist, so hat man mir gesagt. Aber ich weiß es ja besser, ich habe ihn erkannt.

Er kommt lächelnd auf mich zu, grüßt, kennt auch mich.

 Ich bin befangen, schüchtern. Es ist so heiß, ich bin so lang, er hingegen

hat sich wieder ganz zusammengeklappt. Wenn ich das wenigstens doch auch könnte!
Ich habe ein dünnes, ärmelloses Kleid an, das in der Nähe so großer Heiligkeit unangemessen im Sommerwind flattert. Meine Jacke habe ich im Ärger über das scheußlich dümmliche Heidentum, das ich hier erlebte, verloren. Ich schäme mich.
Aber habe ich denn über all meinem ehrfürchtigen Staunen vergessen, daß er ein Himmlischer ist? Himmlische wissen alles, wissen um Verlorenheit und Scham, um Elend und Trostbedürftigkeit. Deshalb ist er ja da. Er sagt zwei Sätze und hat mich getröstet – wie schon an dem Morgen vor drei Tagen, aufgerichtet wie ein Veilchen kurz vor dem Verdursten.
Es ist selbstverständlich, daß er denselben Zug nehmen muß wie ich. Mich packt unbändige Freude in der Aussicht auf diese Fahrt.
Der Zug läuft bereits ein, als ein Dritter sich nähert, mit eiliger Freundlichkeit und auf leisen Sohlen: jenes Teufelchen mit dem roten Taschentuch, das so erfolgreich seine Minderheit zu Papier brachte.
Ich bin ganz starr. Weiß Rektor Spaemann überhaupt irgend etwas von unseren traurigen Vorkämpfen um diesen Kirchentag? Ich blinzele aus den Augenwinkeln zu ihm herüber; er wirkt ganz unbefangen. Aber was arrangieren Himmlische nicht alles, wenn es darum geht, dem Widersacher ihres Herrn zu begegnen?
Luzifers Gehilfe und der Erzengel Michael klettern in den Zug – ja, das muß den Mächten heute leider auch zugemutet werden; freilich auf

Kosten der Heiligen Mutter Kirche immerhin in ein Abteil erster Klasse –, ich, das Weltkind, in der Mitten.
Ich zittere vor Spannung – oder meinen sie, ich fröre? Hach, schon wieder bin ich dabei zu verdrängen, mit wem ich es zu tun habe. Wie soll das ausgehen? Mir ist bange.
Aber was sind das für kleingläubige Ängste! Es passiert gar nichts – und doch alles: Das große Leuchten hebt wieder an – und in seinen Strahlen versinkt unser Teufelchen, versinkt wie ein zu Asche zerfallendes Zweiglein im Feuer. Er war eben doch nur ein Gehilfe des Herrn über die Finsternis – ein kleiner, frisch angeheuerter dazu. Seinetwegen brauchte mein Erzengel nicht einmal einen Finger zu rühren. Er schiebt mir lächelnd meinen Part zu: aus der Praxis zu plaudern, wie kleine Jungen dazu kommen, zu Renegaten zu werden und aus infantilem Trotz dann noch als Erwachsene diese Rolle weiterzuspielen.

Man kann sich gut vorstellen, daß Thor, der Donnergott, ähnlich ausgesehen hat wie sein irdisches Abbild, das mir zu einem Erlebnis mit ersterem verhalf: Ich habe einen Abend bei Konrad Lorenz und seiner Frau Grete verbracht. Sie haben mich zu sich gebeten nach einem der Vorträge, die ich im Colloquium des Max-Planck-Instituts in Seewiesen gehalten habe.
Mir war zu Beginn der sechziger Jahre anhand meiner Praxiserfahrungen die Idee gekommen, daß die Verhaltensstörungen der Kinder und der Tiere viel miteinander zu tun haben müssen, daß die Kernneurosen

des Menschen durch Fehlprägungen in der ersten Kindheit entstehen und daß sich Grundbedingungen für gesundes oder gestörtes Verhalten in biologischen Gesetzen fassen und umreißen lassen.

Ich wollte die Biologen zu meinen Mitarbeitern machen, damit wir nicht kollektiv so dümmlich in eine traurige Zukunft rennen, damit die Mütter nicht in kaum aushaltbares Leid stürzen müssen, weil weder Ärzte noch Pädagogen sie darüber unterrichten, welche fundamentalen Fehler wir machen. Ich wollte versuchen, meine Erfahrungen mit Hilfe der Verhaltensforscher in die Universitäten zu tragen, damit dort etwas geschähe zur Legitimation und Verbreitung unseres Praxiswissens. Ich appellierte an die so hoch im Kurs stehende Biologie, zumal Lorenz und Tinbergen an Tieren Grundgesetze des Verhaltens beschrieben hatten, die, wie ich anhand von analogen Verhaltensstörungen aufzeigte, in seinen ersten Lebensjahren auch noch für den Menschen gelten.

Ich fand viel lernbereite Aufnahmewilligkeit. Es gab über Jahre einen anregenden Austausch mit den Leuten in Seewiesen. Am hellhörigsten aber war Konrad Lorenz selbst.

Lorenz ist ein Genie. Seine Vorstellungen – selbst das zur Zeit so verpönte Gesetz der Trieb-Dressur-Verschränkung – werden Bestand haben. Aber das wird sich erst erweisen, wenn der modische Putz vom Behaviorismus abgebröckelt ist, wenn die ideologieverzerrte Einseitigkeit, die Verabsolutierung der Lehre von Reiz und Reflex, als unwissenschaftliche Überdehnung einer Teilwahrheit bewußt wird. Es ist schlimm, daß wir so lange warten müssen und auf unseren Hochburgen zur Bildung für den Umgang mit Menschen, den Universitäten, nur die Lehre von Reiz und Reflex das Feld beherrscht. Die Ströme von elterlichem Unglück, von Lebensverstümmelung, von Zukunftsgefährdung unserer Kultur können *so* nicht verhindert werden.

Am Abend nach einem solchen Colloquiumsvortrag also geschah die Offenbarung des Donnergottes:
Ich verabschiede mich, will beglückt mit einem neuen Buch von Lorenz und einer wunderschönen Widmung abziehen, da sehe ich, daß seine Frau ihm einen der großen bayerischen Regenschirme in die Hand drückt, und er sagt: „Es liegt ein Wetter in der Luft; ich werde Sie begleiten, allein finden Sie den Weg nicht."
Wir treten vor die Tür. Es ist stockfinster. Niemals vorher oder nachher ist mir je eine solche undurchdringliche, schwarze Dunkelheit begegnet. Wir fahren darin fort, uns mit Erlebnissen und Erkenntnissen gegenseitig zu bestätigen, daß die Aggression das große antipodische Naturprinzip ist, das sich nicht auf das Gleis „Reaktion auf Frustration" abschieben und reduzieren läßt – da ist es plötzlich um uns gleißend hell, weiß, fahl, und ein ohrenbetäubender Schlag bricht auf uns nieder.
Wir sprechen nicht mehr. Lorenz führt mich auf einem Wiesenpfad zu meinem Quartier. Wir verabschieden uns.
 Kein weiterer Schlag, kein Regen. Ich bin fast etwas beleidigt. War aus-

gerechnet für uns beide eine so eindringliche Demonstration nötig? Oder ist dies die dem Donnergott einzig mögliche Form, uns seine Zustimmung zu bekunden?

Nicht alles, was im Feld der Biologie die Nacht erhellt, besteht aus goldenen Erkenntnisblitzen; es gibt da auch manch Irrlichtiges, Zwielichtiges, Mondlichtiges. Ganz generell habe ich die Erfahrung gemacht, daß es den Biologen zwar großes Vergnügen macht, sich durch die Humanpsychologie anregen zu lassen, daß sie aber sehr schnell vergessen, woher sie die Anregung nahmen. Jedenfalls ist es ihnen, mit zwei Ausnahmen – Illies und Immelmann – nur mühsam klarzumachen, daß man selbst Psychagogen nicht hemmungslos plagiieren kann, sondern daß auch sie ein Recht darauf haben, zitiert zu werden. Solange man auf dem Feld der Wissenschaft ackert, scheint es mir unumgänglich, diese ihre Grundregeln der Wahrhaftigkeit auch mit Akribie einzuhalten.
Das Erstaunlichste auf diesem Sektor erlebte ich mit einem Professor in fernen Landen.
Dieser Zoologe lädt mich zu Beginn der sechziger Jahre zu einem Vortrag in seinem Institut und an seinen Tisch ein. Es herrscht eine freundliche, ungemein aufgeschlossene, warme Atmosphäre. Die deutsche Ehefrau ist mir urtümlich vertraut.
Die Notwendigkeit einer Zusammenarbeit von Biologie und Psychologie bestimmt unsere Gespräche.

Der Lehrstuhlinhaber ist enorm gescheit, wendig, lebensvoll, begeisterungsfähig für ein überpersönliches Unternehmen.
Ein Buch müsse man zusammen schreiben, schlägt er vor, eines, das an den gemeinsamen Verhaltensstörungen die gemeinsamen Grundgesetze der Lebensbedingungen von Menschen und Tieren sichtbar werden läßt.
Ich bin kleingläubig. „Das kann ich nicht", sage ich, „ich brauchte dazu die Zeit und Möglichkeit, die internationale Literatur systematisch durchzusehen, das läßt sich mit meinem Beruf nicht vereinbaren und in der kleinen Stadt Uelzen nicht durchführen."
Aber diese Bedenken sind leicht zu zerstreuen: Ein ganzes Institut steht gewissermaßen zur Verfügung, zweisprachige Mitarbeiter, ein Team von Vorbereitern.
Alles scheint bestens anzulaufen.
Nach einem Jahr der Vorbereitung proben wir das Buch in einer gemeinsamen Tagung mit Studenten durch: Jeder singt seinen Part im Wechselgesang. Die Studenten sind beeindruckt, wir sind beflügelt.
Langes, bedeutungsschwangeres Verabschieden am Auto. „Fangen Sie gleich an zu schreiben", sagt mein Cooperateur mit Nachdruck, „gleich!"
Die Sommerferien beginnen. Die Kinder fahren ins Ausland.
Ich schreibe, ich bestehe nur noch aus Schreiben, Tag und Nacht.
Eine Stunde bevor das Flugzeug meine heimkehrenden Kinder in Hannover entlädt, mache ich den letzten Punkt.

Das Buch ist praktisch fertig. Mein Mitarbeiter braucht nur die entsprechenden Erfahrungen aus der Zoologie hinzuzufügen.
Die Fakten liegen gesammelt in einer umfänglichen Kartei parat. Inwiefern die biologischen Grundgesetze auch für das Kleinkind zutreffen, diesen schwierigen theoretischen, diesen neuen Ansatz der Kombination beider Wissenschaften, habe ich bereits ausgeführt.
Aus der Ferne kommt Zustimmung, Begeisterung, neue Einladungen zu Arbeitsgesprächen.
Ich eile. Ich gebe meinem Partner, der eine herrlich leichte Auffassungsgabe hat, zahllose Nachhilfestunden in Neurosenlehre, in Entwicklungspsychologie, in meiner Idee, die Begriffe Nachfolgeprägung und sexuelle Objektprägung auf den Menschen anzuwenden.
Schön und gut – so angenehm, eine herrliche Gemeinsamkeit, erfreulich und beglückend.
Aber mein Mitarbeiter schreibt seinen Part nicht.
Nach einem Jahr hat er mit meinem Manuskript viel unternommen. Einiges, das vorne war, klebt jetzt hinten, das von hinten ist dem Mittelstück zugefügt. Stilblüten sind ausgemerzt, die Kritik eines behavioristischen Psychologen liegt schriftlich vor.
Mein Professor schlägt mir vor, die Sache in einem erneuten Arbeitsgang zu erweitern.
Die Sommerferien nahen. Die Kinder machen eine Orchestertournee.
Ich schreibe, schreibe, schreibe mir die Finger wund.
Ein versiegeltes Paket; ab in die fernen Lande.

Atemlose Begeisterung; es echot Resonanz in breitflächig dahinwallenden Hornstößen durchs Telefon.
Aber mein Mitarbeiter schreibt seinen Part nicht.
Dann kommen die vielen, Herzschmerzen verursachenden Nachrichten aus Fachzeitschriften der Zoologie, der Medizin, Zeitungsnachrichten:
– über die bedeutenden Entdeckungen eines international anerkannten Wissenschaftlers über die biologischen Grundbedingungen des Menschen in seinen ersten Lebensjahren. Eine tolle Entdeckung, ein großer Mann! „Ach nein, Frau Meves", antwortet ein Rundfunkredakteur, als ich ihm einen Vorschlag mit dem Thema: „Verhaltensstörungen bei Kindern und Tieren" mache, „das haben wir gerade gehabt, von Professor X, dem Urheber dieser Zusammenhänge".
Irgendwann nach mehreren Jahren kommt schließlich doch wirklich noch etwas an, mit der Post – die Kapitel meines Mitarbeiters. Sie sind sehr gelehrt, sie bestehen aus lauter Absicherungen. Die eigentliche Aussage ist durchgängig damit überwuchert.
An unbekümmerter, unabgesicherter Bekenntnisfreudigkeit fehlt es meinem Mitarbeiter in der Öffentlichkeit allerdings auch weiterhin nicht. Er verkündet unerschrocken seine erstaunlich eigenschöpferische Idee, daß die Mutter-Kind-Beziehung auf einem „biokybernetischen Prinzip" beruhe, daß der Mensch – ähnlich wie manche Tiere – zwei Prägungsphasen habe. Er begründet diese Idee ausführlich. Mir klingt's vertraut – allzu vertraut.

Wir wollten zusammen die Welt verbessern. Wir versuchen das immer noch, jeder für sich und mit den gleichen Inhalten – und ist das nicht wirklich die Hauptsache?
Dieses zunächst ein wenig bitter schmeckende Erlebnis hat gute Früchte getragen; denn auf fachbezogenen Tagungen habe ich aufgrund dieser Vorarbeiten viele Menschen mit lebendigem Geiste kennengelernt: den alten Gelehrten in Freiburg Otto Köhler, Bernhard Rensch, Karl Steinbuch, Adolf Portmann, Klaus Immelmann, Arthur Jores, Alfons Rosenberg, Heinz-Dietrich Ortlieb, vor allem aber den Physiologen und Sozialmediziner Hans Schaefer aus Heidelberg. Schaefer, der Begründer dieses neuen Spezialbereiches der Medizin, war bereits 1965 nach einer Tagung mit Studienstiftlern, die er leitete, davon überzeugt, daß die kasuistischen Daten, von denen ich berichtete, einer Nachprüfung wert wären. Seitdem läuft in seinem Institut ein Forschungsprogramm, dessen Ergebnisse demnächst veröffentlicht werden.
Aber darüber hinaus wurden Hans Schaefer und seine Frau Marietta mir ein Freundespaar, dem ich in Ehrerbietung anhänge und das mir nun schon bald ein Jahrzehnt seine herzliche Freundschaft schenkt. Dieses Paar – nicht weniger königlich und jahrgangsähnlich – hat einen völlig anderen Charakter als das Lorenz-Paar. Die beiden Schaefers gleichen diametral entgegengesetzten Prismengläsern: Das eine sammelt die Vielfalt der Strahlen, die eindringen, auf einen Punkt, das andere zerteilt die Strahlen zu sprühender Vielfalt.

Marietta Schaefer ist ein stilles, ganz sensitives, tiefes Wasser, ohne Ego, leidend infolgedessen, aber in ihren dunklen Augen ist eine große Liebe, gerichtet auf den einen Punkt, den transzendenten; aber von daher fließt es zurück, hinein in eine wache Aufmerksamkeit für den Menschen und die Ereignisse ihrer Umgebung.
Der Mann an ihrer Seite müßte drei Leben haben, wenn es ihm gelingen sollte, das alles zu verwirklichen, das zu tun er sich gedrängt fühlt. Er ist einer von denen, die nicht in der Behaglichkeit ihrer Lehr- und Lehnstühle und beim Forschen in ihren Fachbereichen bleiben konnten, die es hochriß, als sie erkannten, daß unsere Weiche im Zentralbereich falsch gestellt ist. Schaefer ist ein Mensch. Deshalb setzt er sich für die Rückkehr zum Menschen ein. Er ist ein unverwüstlicher, treuer, zuverlässiger Kamerad. Viele Furchen haben wir gemeinsam gezogen vor dem gleichen Pflug.

Höhen und Tiefen

Wenn ich zurückblicke auf die Landschaft meiner Reisen für die Zukunft, werden viele einzelne Hügel sichtbar, aber auch einige Gipfelpunkte, einige Kare und Tiefseegräben.

Als Graben dieser Art erlebe ich es, wenn mein am häufigsten geträumter Alptraum, zu spät zu kommen, in der Realität eine Entsprechung erfährt.

Aufgeregt ruft eine Stimme durchs Telefon: „Aber Frau Meves, wo bleiben Sie denn? Wir sitzen hier mit dreihundert Frauen und warten auf Sie!"

Der Schrecken jagt mir in die Glieder.

„Was, Gartow – ja, gewiß –, zwanzig Uhr steht hier in meinem Terminkalender."

„Nein, Nein", jammert es zurück, „wir haben es Ihnen geschrieben, vor mehreren Monaten, und Sie haben Ihre Einwilligung gegeben, daß wir die Weihnachtsfeier auf den Nachmittag verlegen!"

Wirklich, ich finde den Brief in der Akte.

 „Was machen wir?" frage ich schwach.

„Frau Meves, bitte, wir singen solange. Wenn Sie sich beeilen, sind Sie in einer halben Stunde hier."

Fliegende Hast. Gisela verlegt die einbestellte Gerichtsbegutachtung, schirrt Anatol an, öffnet die Tore.

Die Alltagsschuhe sausen in eine Ecke – ein anderes Kleid, etwas Rouge, das Vortragsmanuskript – ab!

Mit 150 über die Landstraße, mit 90 durch den Grenzort Lüchow. Auf einsamer Straße jage ich der Elbe zu.

Man darf dieses Grenzland nicht vergessen. Es steht, ob es will oder nicht, mit im Bann der lähmenden Kontaktsperre, die das Regime jenseits des Flusses zu verordnen genötigt ist. Seine Bewohner gehören auch zu den Abgeschnittenen, deren Lebensstrom auf diese Weise behindert wird. Nicht nur Gastarbeiter sind in Deutschland einsam, auch unsere Grenzstreifen im Osten werden es. Deshalb nimmt die Entvölkerung zu und führt in neue Teufelskreise.

Gartow. Von Entvölkerung keine Spur – ein Riesensaal voll Frauen bei Kerzenschein, brüllende Hitze, Gesang „holder Knabe im lockigen Haar".

Ich entfalte mein Manuskript. Über die Bedeutung des Märchens will ich sprechen. Oh Schreck: „Der Nashornbulle im Zoo zu Basel, Flo und Flint und andere Beispiele an Verhaltensstörungen bei Tieren" steht da zu lesen.

Ich habe mich in meiner Kartei vergriffen – N statt M.

Was gehen mich die Nashörner in Basel an, wo ich doch weiß, daß es

darauf ankommt, mit Hänsel und Gretel die Schätze der besiegten Hexe über das große Wasser in des Vaters Haus zu tragen!
Ich brauche kein Pult, kein Mikrophon, kein Licht. Es geht auch so; Ich sause ab in den Höheflug meiner freien Rede.

Aber Freiheit hat ihre Grenzen – schon am Frühstückstisch tags darauf weiß ich das wieder.
Da liegt ein Strafzettel der Polizei: 60 Mark wegen Fahrens mit überhöhter Geschwindigkeit durch eine geschlossene Ortschaft.
Wie gut, daß es Grenzüberschreitungen gibt, für die keinerlei Polizei zuständig ist – nicht hüben und nicht drüben.

Eine fröhliche Baisse war jene Veranstaltung in Wolfsburg, zu der ein Pfarrer mich ohne Publikum erwartete. Es war ausgeblieben. Er bekannte es zerknittert.
Ich hatte mit Charlott' einen mühsamen Weg durch die tiefverschneite kilometerlange Waldstraße mit schlingernden Glatteiskurven zurückgelegt.
Einen Moment kommt ein Wölkchen Unmut angekrochen; dann gehen wir beide gleichzeitig dazu über, uns über das Geschenk an Zeit zu freuen.
Wir sagen dem Pfarrer Adieu, leisten uns in einem behaglichen Gasthaus ein gutes Mahl, schwätzen zwitschernd wie zwei Kaffeetanten und fahren singend heim.

In einen Inferno von Schneesturm bin ich auf dem Weg nach Otterberg bei Bremen geraten. Diese Straße hat mir schon manches Abenteuer beschert: Einmal fiel ein Baum unversehens unmittelbar vor meinem Auto über die Straße, ein anderes Mal sauste mir ein skandinavischer Granit in die Windschutzscheibe.

Vielen Igeln und Wieseln habe ich mich stellen und ihnen die Vorfahrt einräumen müssen.

Seufzend habe ich mich auf dieser Straße durch Waschküchen von Nebel getastet. Aber der Schneesturm war das unmenschlichste und beängstigendste aller dieser Abenteuer:

In der kleinen Stadt sieht die Welt noch so ganz harmlos aus, mit einem grauen Himmel und ein paar pendelnden Flocken, die anscheinend noch nicht den festen Entschluß gefaßt haben, sich auf dieser Erde einzuhakeln. Aber kaum sind die letzten Häuser entschwunden, da schüttet kreiselnd, wirbelnd aller Schnee der Welt auf mich zu. Keine Möglichkeit zur Umkehr: Die Straße ist spiegelglatt, Bremsen wäre mörderisch, schon das Schalten ist ein lebensgefährliches Unternehmen. Es ist wie in einem unrealistischen, überzeichnenden Film: Ein Auto nach dem anderen schlingert, kippt sanft ab, Kreiseln, Festblocken an Begrenzungspfählen, Buschwerk und Bäumen. Ein Lastwagen vor mir hält sich noch. Er vergällt mir dieses Abenteuer vollends, denn er erzeugt eine zusätzliche Verwirbelung, Verflockung, Sichtverhinderung. Er ist für mich ein gefährlicher, riesengroßer Leierkasten mit vorschriftsmäßiger Schlußlichtbeleuchtung.

Irgendwann muß auch er aufgeben. Kippig hängt seine Ladung über einem Zaun.
Glücklich ist, wer vergißt, was nicht mehr zu ändern ist!
Mein Tachometer zeigt befehlsgemäß meine Geschwindigkeit an: Zwanzig Kilometer pro Stunde. Sechzig Kilometer entfernt ist mein Vortragsort. Drei Stunden Fahrzeit. Ich brauche sie wirklich.
Die Damen sind heiter, freudig darüber, daß ich da bin. Auch sie haben inzwischen gesungen: Leise rieselt der Schnee.

Als ein Kar im Vortragsleben habe ich auch zwei Diskussionsabende im Harz in Erinnerung, in der einige junge Männer, denen ich am ersten Abend erzählt hatte, daß Homosexualität etwas mit seelischer Krankheit zu tun habe, sich gekränkt fühlten und zum persönlichen Angriff übergingen.
„Sie sprechen viel vom Kampf jedes einzelnen gegen Bequemlichkeit und Verwöhnung. Wie halten Sie es denn eigentlich selbst damit? Das ist doch eine ganz schön bequeme Angelegenheit, so mit bezahltem Benzin auf den Straßen herumzuflitzen und dicke Honorare einzuziehen."
Die Jungen wollen es immer so genau wissen. Man muß ihnen eben Antwort geben.
Ich mache dem Frager klar, daß ich, bliebe ich zu Hause in meinem warmen Stübchen, in der Tat etwas mit meiner Berufsarbeit verdienen könnte, viel mehr als bei der getroffenen Vortragsvereinbarung. Das

Honorar sei grundsätzlich so niedrig, daß es allenfalls als Aufwandsentschädigung verstanden werden könne; der eigentliche Aufwand, vor allem der durch die sich zunehmend erhöhende Wahrscheinlichkeit eines Verkehrsunfalls sei ohnehin unbezahlbar.
Leider bewiese diese seine Frage, daß er meine Ausführungen absolut mißverstanden habe. Jeder Mensch habe, wie er selbst, das Recht, ja die Pflicht, mit ehrlicher Arbeit seinen Lebensunterhalt zu verdienen; wenn es ihm Spaß mache und er überschüssige Kraft habe, manchmal auch mehr als er brauche. Das sei absolut nicht unsozial, wie die Philosophen des Neides uns immer weismachen wollten; denn mit der Erhöhung seines Einkommens erhöhe sich progressiv auch die Steuerklasse. Ein Mensch, der aufgrund von Eigeninitiative und Fleiß mehr verdiene, handele bei der Gesetzgebung unseres Staates automatisch sozial, da seine Steuergelder für das Gemeinwohl genützt werden könnten. Die tödliche Gefahr läge allein darin, das Geldverdienen zum einzigen, zum höchsten Lebensprinzip zu machen. Dann erst begänne die Gefahr für die Seele des Betroffenen und erst recht für die Kinder, die in diesem Klima aufwachsen müßten.
„Aber Sie wollen uns doch nicht weismachen, daß Sie durch die Gegend reisen, um uns diese Sachen beizubringen. Das tun Sie doch nur, um sich in Ihrer Publicity zu sonnen."
Erfolg sei etwas Schönes, sage ich, kein schwacher Mensch könne ohne jeden Erfolg leben, darüber hinaus könne Erfolglosigkeit unter Umständen auch ein Zeichen dafür sein, daß man diese Arbeit lieber

aufgeben sollte, um eine andere zu beginnen, der man besser gewachsen sei. Aber eine Sache allein um des Erfolges willen zu tun, sei eine der törichtesten Angelegenheiten, die sich denken ließe. Erfolg wird immer auch von Mißerfolg begleitet, Ruhm schlägt irgendwann immer um in Vergessenheit; denn er hat keinen Eigenwert, ist eine Welle, die wohl einen Augenblick trägt, aber ebenso rasch versinkt und an den Strand zurückwirft. Ruhm*sucht* sei eine Angelegenheit von Süchtigen, von Menschen, die aufgrund einer fundamentalen Unausgeglichenheit im Strudel eines triebhaften Dranges stünden. Die Zeche solchen Tuns müsse immer konsequent im Zentrum der Fehleinstellung bezahlt werden: nämlich durch das unerträgliche Leiden, das das Sinken des Sterns verursache.

Öffentlichkeitsarbeit nicht um der Sache willen, sondern aus solchen Motiven zahle sich also grundsätzlich nicht aus. Sie wäre bare Dummheit, zu dumm, als daß ich mich freiwillig und bewußt zu ihr entschließen würde.

Mein Kontrahent gibt nicht auf: „Sie sagen, man solle nicht als ein Abstraktum „die Menschheit", sondern lieber einen einzelnen, den Nächsten lieben. Wäre es da nicht besser, Sie blieben zu Hause und betreuten Ihre Familie?"

Ich sage ihm wahrheitsgemäß und ernst, daß das ein täglich neuer Konflikt für mich sei. Aber ich dürfe gerade als berufstätige Mutter von meinen persönlichen Erfahrungen berichten: daß es sich lohne, zuerst
 ganz bei den kleinen Kindern zu bleiben, ihren Start in die Welt intensiv

zu betreuen; um so schneller wären sie dann in der Lage, ihr Leben selbst zu gestalten, unabhängig von der Mutter. Meine Kinder seien bereits seit mehreren Jahren auswärts in ihrer Berufsausbildung.
Freilich, als Lebenspartner käme bei solcher Lebensführung nur ein Mensch infrage, der die gleiche Einstellung habe und unter Ehe mehr verstehe als die Dienstbarmachung der Ehefrau zu eigenen Versorgungs- und Triebansprüchen.
Auf die Suche nach einem solchen Partner zu gehen, könnte ich ihm nur empfehlen – erst Gemeinsamkeit dieser Art sei der Garant eines dauerhaften Glücks.
„Aber die Patienten“, bohrt der Diskutant, „Sie werden weniger Bedürftige annehmen können, wenn Sie öfter auf Vortragsreisen gehen. Heilen ist besser als reden.“
Ich kontere: „Vorbeugen ist besser als heilen.“ Gerade die große Schwierigkeit, Kernneurosen zu heilen, die Länge, der Aufwand der Therapiestunden, die voraussehbare rasant ansteigende Zahl von depressiven Neurosen und der Verwahrlosung, der am schwersten zu heilenden Fehlhaltung, müsse jeden, der diese Dinge in ihrem Ausmaß erkenne, an die Sturmglocke treiben.
Meine Zuhörer applaudieren. Sie weisen den Diskutanten zurück.

In manche Bedrängnis bin ich im letzten Jahrzehnt dadurch geraten, daß ich meinem Leib zu viel zumutete. Das läßt er sich dann ganz konsequent nüchtern bezahlen.

Charlott' und ich fahren auf eine Großveranstaltung in Goslar zu. Ich habe eine Mandelentzündung. Mir ist frostig.
„Du hättest absagen müssen", meint Charlott' leise besorgt.
Wie soll man eine Großveranstaltung am Morgen des Tages absagen, solange man noch irgendwie krabbeln kann; wenn man miterlebt hat, wieviel langfristiges Vorbestellen, wieviel Nachdenken, Organisieren, Schreiben, Telefonieren auf dieses eine Ereignis hin ihr vorausgegangen ist! Wie will man den fürchterlichen Schrecken verantworten, den man durch die Absage auslöst?
Charlott' füttert mich mit Medikamenten, Pfefferminz, heißem Kaffee. Ich stehe den Abend durch.
Als ich auf den Autositz falle, merke ich, daß ich am Ende bin. Der Hals ist zu. Ich bestehe nur noch aus Hals, aus einem einzigen, aufgeschwollenen, zugequollenen, undurchgänglichen Schmerzmonstrum. Das Atmen wird mühsam. Keine Möglichkeit mehr zu schlucken. Ich packe das Lenkrad, steure hinein in die Nacht.
Manchmal sagt Charlott' etwas, leise, liebevoll, damit die endlose schweigende Finsternis uns nicht gänzlich überwuchert, streicht über meinen Arm.
Ich kann ihr nicht danken. Nicht einmal nicken kann ich.
So viele Wunder: Selbst in dieser Nacht kommen wir nach Hause.

Oft schon hat mich das Meer meiner Arbeit als Wrack auf den Strand
 von Schlitz geworfen, dieser kleinen Burgenstadt im Hessischen,

Stammsitz der Freunde Illies, Knotenpunkt meiner Reisen in der Mitte der Bundesrepublik, bergende Zuflucht, wenn es zu gar, gar nichts mehr reicht, nicht einmal mehr zur Rückkehr in den Uelzer Hafen.
Sie schlägt dann einfach die Arme um mich, Helga, die Gute, wenn sie mich hereinwanken sieht mit einem vom Hexenschuß zerbrochenen Kreuz, bewegungsunfähigen Schultern und Armen, mit japsendem Atem wie ein Fisch auf dem Trockenen.
Sie hat ein Bett für mich, sie hüllt mich ein, sie macht mich heil mit ihrem Herzen.

Eine eindrucksvolle Baisse meiner Reisen bildet meine Mitarbeit an der fünfteiligen Fernsehsendung „Die Affen und wir".
Professor Illies hatte sich vorgenommen, die Gemeinsamkeiten und die Unterschiede zwischen dem Menschen und seinem nächsten Verwandten in dieser Sendung herauszustellen und hatte mich gebeten, in Teilstücken, in denen zum Vergleich Kinder herangezogen wurden, die dazu notwendigen Kommentare zu geben.
Wir sitzen im Kindergarten von Schlitz, umgeben von sämtlichen Kindern im Vorschulalter, die die kleine Stadt aufzuweisen hat. Aber auch Größere sind angeheuert: Illies-Kinder im Grundschulalter, die der weiteren Verwandtschaft, Kinder der Institutsmitglieder – denn: Hurra, das Fernsehen ist da! Alles ist in höchster, lärmvoller Erwartung.
Etwas verspätet rollt der Wagen aus Mainz an. Zwei freundliche, adrette junge Männer entsteigen ihm.

Sie gehen in das Haus, besichtigen den Raum, der für die Aufnahme vorgesehen ist; sie stehen schweigend, sinnend. Sie machen kehrt.
Wir warten. Wo bleiben sie nur?
Ich gehe zum Wagen. Drei fröhliche Techniker machen dort eine Rauchpause. Von den Redakteuren keine Spur. Einen finde ich auf dem Hof. Er steht dort sinnend, die Hand am Kinn – ein Standbild von Barlach oder Rodin.
Ich will ihn nicht stören. Wo ist der andere?
Er lehnt in einer Ecke des Vorraums, schaut mir aus seinen braunen Augen gemächlich entgegen.
Er wartet, wartet bis sein Kumpel mit Denken fertig ist.
Das geht nicht so schnell. Jetzt beginnt der auf dem Hof hin und her zu wandern, den Blick abwechselnd gen Himmel und zur Erde gerichtet.
Man empfindet: Hier wird schöpferisch gearbeitet – aber was? Das Drehbuch liegt vor, von Professor Illies geschrieben, die Texte sind formuliert, das Arrangement ist dort mit bedacht und eingeplant.
Man mische sich nicht in schöpferische Prozesse ein. Was verstehen schon Urmenschen wie wir von der neuen Zeit, von der geheimnisvollen Welt des Fernsehens!
Wie gut, daß dieses unser Debüt ausgerechnet in Schlitz stattfindet! Denn hier ist Helga mit von der Partie, die wunderbare andere Hälfte unseres Drehbuchautors. Sie ist jetzt dringend vonnöten.
Männer haben nun einmal nicht so viel Geduld wie Frauen. Vermutlich hätten sie sonst auch keine Weltgeschichte gemacht.

Begreiflicher Unmut umwölkt die Stirn unseres Autors.
Wir hocken auf den winzigen Stühlen; die Kinder machen ein ohrenbetäubendes Spektakel. Helga spürt, daß die Stimmung einer tempelfegenden Aktion entgegenstrebt. Sie zieht ihren Ehemann vom Stühlchen, geht mit ihm nach draußen, hakelt ihn unter, wandelt mit ihm auf und ab, beschwichtigt flüsternd.
Da – die Techniker haben offenbar Angriffsbefehl. Sie entrollen sich mit Spießen und Stangen, mit Unmengen von Schnüren und Apparaturen dem Feldlager.
Scheinwerfer werden aufgestellt, eine Kamera beherrscht spreizbeinig den kleinen Raum. Es soll losgehen – wie wunderbar!
Irgend etwas scheint doch noch unbefriedigend. Der Kameramann gestikuliert, die Redakteure verschwinden.
Die Techniker machen eine neue Rauchpause.
Die Buben befummeln die Kamera.
Wir warten.
Der Morgen ist vorbei, eine Mittagspause wird beschlossen. Es ist noch nicht klar, ob der Raum für die Aufnahme brauchbar ist.
Nach der Mittagspause ist er das plötzlich.
Die Scheinwerfer leuchten auf. Wir plazieren uns um einen Tisch. Sprechproben. Endlich die so lang ersehnte Klappe. Aufnahme!
Halt, Abbruch. Der Tontechniker ist ungehalten. Die Kamera läuft zu laut. Der Kameramann ist beleidigt. Lange Auseinandersetzung, viel Gestikulieren. Unterbrechung. Basteln an der Apparatur.

Irgendwann klappt das Schiefertafelmonstrum zu erneutem Versuch. Draußen beginnt eine Sirene zu jaulen.
Abbruch. Neuer Versuch.
Ein Kind fährt unbedacht in die aufgebaute Spielzeugszenerie. Polternder Sturz des Ganzen.
Neuer Versuch.
Nach Klappe 10 ist aber die Szene dennoch „gestorben“. Seufzende Erleichterung bei uns Laien. Die Fachmänner sind gleichmütig. Man gedenkt zu neuen Ufern zu eilen.
Da – ein Wehlaut, der Kameramann bietet den Anblick eines Schneemannes bei Tauwetter.
Total kaputt ist sie, die Kamera. Sie hat gar nicht erst richtig aufgenommen – unbegreiflich düsteres Geschick!
(Die sonst immer so wachen Buben spielen versunken unter dem Tisch mit ein paar einfachen Bauklötzen – – –.)
Man hält eine Konferenz. Man telefoniert. Mainz will eine neue Kamera stellen. Für heute ist Feierabend.
Die Mütter holen ihre Kinder heim. Die Staatskleider sind nicht mehr ganz so frisch. Morgen noch einmal, ja.
Für Menschen wie meine Freunde Illies und für mich, zu deren Lebensnotwendigkeiten es gehört, ihre Zeit planend durchzuorganisieren und sie mit Präzision und Geschick einzuteilen, bedeutete der Arbeitsstil der Fernsehleute eine nervenzermürbende Belastung. Nach einigen
 Wochen der Zusammenarbeit hatten wir heraus, daß es einen Gedanken

gab, der wie Gift auf uns wirkte, wenn wir ihn dachten, der unumgänglich verdrängt werden mußte, jener Gedanke, den Freund Illies nach einem wieder einmal zerronnenen Herumstehtag hinausschrie – Helga war leider nicht anwesend – in die unbeweglichen und freundlich gleichmütigen Gesichter unserer Redakteure hinein:
„Mein Gott, was meinen Sie, was ich in dieser Zeit sonst alles geschafft hätte! Ludern Sie meinetwegen mit Ihrer Zeit, aber bitte nicht mit meiner!"
Das Fernstehstück hat einen klaren Aufbau. Es geht zwar von den verblüffenden Gemeinsamkeiten von Mensch und Tier aus, hat aber das Ziel, dann um so schärfer den Menschen in all seiner Einmaligkeit ins rechte Licht zu rücken. Als Ausdruck seiner höchsten Form, aus der Fülle der Geschöpfe herauszuragen, wollen wir am Abschluß einen Chor bringen – das Sanctus aus der Krönungsmesse von Mozart.
Der Chor kann als mehrdimensionales Symbol für das „Obere" des Menschen dienen: als Zeichen seiner Fähigkeit zu musikalischem Schöpfertum und als Merkmal zielvoller Gruppenarbeit im Dienst einer überpersönlichen Aufgabe – in bewußter Korrespondenz zu einem religiösen Zentrum.
Das Letztere verschweigen wir den jungen Herren in unserer Begründung. Wir wissen: Glaube ist nun mal nicht up to date. Die jungen Leute wollen sich schließlich auch nicht ihre Karriere verderben.
Aber unabhängig von diesem eigentlichen, verschwiegenen Aspekt ist der Chor ganz sachlich ein Symbol der höchsten Fähigkeit des Men-

schen. Deshalb vor allem hatten wir auch ein weltliches Werk Mozarts gewählt.

Die Herren kennen die Krönungsmesse nicht.

Helga schenkt schönfarbenen Wein ein.

Wir spielen ihnen den Chor vor. Sie sind beeindruckt. Sie nicken mit den Köpfen. Die Sache ist beschlossen.

Einige Monate später, eines Sonntagnachmittags im August um vierzehn Uhr – die Bundesbürger tummeln sich im strahlenden Hochsommersonnenschein am Nordseestrand oder erholen sich schnarchend vom Sonntagsbraten – hockt das Trüpplein der Akteure, die es angeht, vor der Röhre. Die Schlußsendung „Der einzelne und die anderen" rauscht vorüber, farbig. Geht alles nach Plan? Von der Tötungshemmung der Tiere ist die Rede, von der Gefahr des Menschen, sie zu verlieren. Da – jetzt legen unsere Redakteure los: Sie zeigen, was der Mensch ist: Vietnam, ein erschießender amerikanischer Offizier, Großformat, farbig, blutig.

Noch ein paar Nachsätze des Autors; sie versinken unter dem massiven Eindruck der grausamen Szenen.

Was lernen wir draus für Groß und Klein? Der Mensch ist ein halber Affe, eine gefährliche Bestie. Daß er auch die Krone der Schöpfung ist, daß er das zwar nur gelegentlich, immerhin dennoch *auch* zu leben imstande ist und zum Ausdruck bringt, daß es aber allein zu leben lohnt, gerade *danach* zu streben, das wurde im Film abgeschnitten, das wurde verschwiegen.

„Das interessiert heute eben nicht mehr“, meinen achselzuckend die jungen Leute aus Mainz als Antwort auf telefonischen Protest.
Unser Fernsehstück, auf dem Plan ein hübsches Haus mit einem ansehnlichen Giebel, ist in der Ausführung zum Bungalow für Liliputaner erniedrigt worden. Wer nicht ins Prokrustesbett des Fernsehens paßt, weil er nach oben herausragt, kann gewiß sein, daß mit ihm kurzer Prozeß gemacht wird – in einem sonst dort unüblich raschen Verfahren. Helga hat lange trösten müssen.

Beim Rundfunk ist das alles ganz anders, vor allem bei Johannes Schlemmer in Heidelberg, dem Redakteur der Wissenschaftsabteilung des Süddeutschen Rundfunks.
Als wir in seinen Schloßhof einfahren, steht er lächelnd unter der Tür. Er erwartet uns. Er schlendert vor uns her auf die Terrasse zu. Eine kurze Weile lehnen wir an der Balustrade und schauen in das blaudunstige, sonnenbeglänzte Neckartal. Das ist keine Zeitverschwendung. Das ist Introduktion, Einstimmung auf unsere gemeinsame Arbeit. Auf dem Gang ins Studio werden wir nach Erfrischungswünschen gefragt. „Vielleicht erst einen Cognac, Frau Meves? Voriges Mal bekam er Ihnen so gut.“
Schnurren. Gute Behandlung erhöht die Leistungsfähigkeit – das ist ein immer noch geltender Satz aus der schlichten Laienpädagogik.
Fröhliche Begrüßung der altbekannten und vertrauten Mitarbeiter. Dann zügig an die Arbeit. Eine Sprechprobe – los!

In Heidelberg schaffen wir oft in zwei Stunden drei Halbstundensendungen, Pausen mit witzig-trockenen Bemerkungen des Hausherrn zu unseren Texten eingeschlossen.
Danach geht's ins Sekretariat zu Lore Stammnitz, die alle Fäden in der Hand und im Kopf hat. Sie hat gebündelt die Hörerzuschriften parat, sie bestimmt neue Termine, drückt Bücher zum Besprechen in die Taschen, ja sie und Johannes Schlemmer sorgen dafür, daß Forschungsaufträge an die richtigen Leute vergeben werden, zum Beispiel an einen Gefängnispfarrer zur Erhebung der Vorgeschichten seiner Schützlinge. So genau hören sie sich an, was über ihren Sender an Berichten aus dem Feld der Psychagogik ausgestrahlt wird. Die Zahl der Hörerzuschriften zu unseren Vorträgen ist nicht umsonst so groß: denn mit Recht haben die Sendungen der Wissenschaftsabteilung in Heidelberg einen guten Ruf bei den anspruchsvollen Hörern in Südhessen, Baden und Württemberg. Ihr Leiter versteht es, die Programme interessant und eindrucksvoll zu gestalten.

Die Konstruktion Mann ist ja nicht in allen Bereichen einfach nur bewundernswert, aber partiell gerate ich doch immer wieder in hemmungslose Begeisterung über sie, so zum Beispiel auf dem Gebiet der Technik. Wenn es nach mir ginge, säßen wir – zwar vermutlich mit einer hohen Gefühlskultur – aber gewiß doch immer noch auf den Bäumen. Nein, was diese Männer alles zu erfinden imstande sind, beim Rundfunk etwa!

So habe ich es gelegentlich erleben können, daß ich mich im Zuge einer Rundfunksendung im heimischen Sessel mit einem Rundfunkredakteur unterhielt und diese meine Worte gleichzeitig aus dem Radio im Hintergrund zu vernehmen waren. Einmal hin und zurück, Uelzen – Saarbrücken, Saarbrücken – Uelzen, tausend Kilometer ohne Verzögerung, zu überwinden mit Hilfe von ein paar Drähtchen – ein leichtes für Adam, den Tüchtigen. Goethe hat recht. „Mit tausend Schritten macht's die Frau. Doch wie sie sich auch eilen kann, mit einem Sprunge macht's der Mann."

Schönster Höhepunkt solcher Teilnahme an technischer Zauberei war eine Diskussion mit Anrufern beim Saarländischen Rundfunk.

Ich sitze im Studio des NDR in Hannover, verbunden mit dem Redakteur im Studio Saarbrücken, und warte auf die Anrufer, die etwas zu meinen Büchern zu fragen haben würden, wie es ihnen im Programm angekündigt worden ist, Houston-haft. Einsam hocke ich auf meinem nicht quietschenden Drehstuhl, geräuschsicher abgeschirmt im Studio am Maschsee. Heinrich Kalbfuß neigt unsichtbar sein Ohr aus dem fernen Westen zu mir herüber.

Nachdem er den Hörern erklärt hat, was ich für eine sei, will er es auch noch einmal genau von mir selbst wissen.

Ich höre kaum zu, was ich über mich sage. Ich bin so gespannt, ob da nun wirklich irgendeine Menschenseele an der französischen Grenze zum Telefon greift, um sich auf diese komplizierte Weise mit mir in Verbindung zu setzen.

„Wir können uns vor Anrufen nicht mehr retten!“ ruft Herr Kalbfuß zu mir herüber.

Eine jugendliche Stimme fragt nach der Rolle des Vaters – wie könnte es anders sein.

Kiebig will ein Zweiter wissen, ob meine studentischen Kinder auch der APO angehören.

Eine junge Frau findet die sexuelle Aufklärung ihrer Kinder in der Schule unangemessen und unsachgemäß.

Eine Mutter erklärt, ihre Junge sei nun vier Jahre alt – ob da wohl schon mit der Erziehung begonnen werden könne? Sie hält den Kauf eines altväterlichen Rohrstockes offenbar für den Einstieg ins Erziehungsgeschäft.

Eine helle Stimme hält eine ausführliche Rede, wie viele Weichen zum Positiven bei der Erziehung ihrer Kinder durch meine Bücher gestellt worden seien.

„Aber nun habe ich ein Problem“, sagt sie. „Sie haben es erfolgreich verstanden, mich davon zu überzeugen, daß das Stillen eine sehr wichtige Angelegenheit in bezug auf die seelisch-geistige Entwicklung der Kinder ist. Unser Jüngster ist ein Prachtkind. Er ist ganz ohne Angst, auch nimmt er gar nichts in den Mund, wie andere Kinder, und spricht jetzt im Alter von einundeinhalb Jahren schon Dreiwortsätze. Aber er sagt unmißverständlich, indem er meine Bluse aufknöpft: „Mamma, Alla haben“, und holt sich sein Teil. Wie bringe ich ihm nun bei, daß er da nichts mehr zu suchen hat?“

Ich habe begriffen. Liebe Helga! Diese Stimme klang mir doch gleich so vertraut. Sie ist hessisch, nicht saarländisch gefärbt. Helga nutzt diese Gelegenheit, sich einen Rat zu holen, sie weiß: anders ist das bei ihrer überbeschäftigten Familienberaterin kaum mehr zu erwirken.
Ich empfehle der jungen Mutter, mehr den Vater in die Problematik hineinzunehmen. Die geringere Geduld der Väter habe auch einen positiven Effekt, habe auch einen entwicklungsfördernden Sinn. Bei einem Kind, das es schaffe, sich der Entwöhnung zu entziehen, müsse man fragen, ob es seinem Vater etwa an der nötigen männlichen Ungeduld fehle – ob er gar schon von des Gedankens Blässe durch vieles Nachsinnen über Erziehungsfragen angekränkelt sei?
Ich höre meine Freunde durch den Äther lachen, hell und anhaltend. Es dringt ohne Drähte, ohne Kopfhörer durch die gepolsterten, hermetisch abschließenden Wände mitten in mein Herz.

Höhepunkte waren auch die Gastvorlesungen, die ich an einigen Universitäten innerhalb der Vorlesungsreihen einladender Ordinarien halten durfte. Medizinstudenten und Studenten der Zoologie konnte ich in ihrer Ausbildung mit einem Stück Neurosenlehre und Charakterkunde vertraut machen, die meines Erachtens so notwendig wäre für Angehörige akademischer Berufe, damit sie mitbauen könnten an einem der Fundamente für unsere Zukunft.
Nach der abgeschlossenen Vorlesung in Heidelberg meldet sich ein Student und bittet, eine Diskussion anschließen zu dürfen.

Der Professor nickt. Es ist zwölf Uhr und die letzte Vorlesung an diesem Vormittag in diesem Saal. Er verabschiedet sich, läßt mich mit den zweihundertundfünfzig Studenten allein.
Wir debattieren, viele Fragen, klare Fragen, Berge von Fragen.
Um vierzehn Uhr erscheint verblüfft ein Kopf in der Tür – der Hausherr.
„Ja, was denn," stottert er, „Sie sind noch alle hier? Das ist doch gar nicht möglich – hatte eine Reihe von Ihnen nicht anschließend einen Kurs in Pharmakologie, zu dem Sie mir sonst immer allzu hastig enteilten?"
Grinsen ringsum.
Sie sind alle geblieben. Noch zwei Stunden haben wir weiterdiskutiert.

„... und halte die Predigt ...“

Gipfelpunkte waren ganz eindeutig die drei Veranstaltungen, in denen mich evangelische Pastoren in Minden, Osnabrück und Kiel in wunderbare, alte, bis auf den letzten Platz besetzte Kirchen auf ihre Kanzeln holten.

Tausendkehlig dringt es da in Minden kraftvoll in das hohe Gewölbe hinauf:

> Oh komm, du Geist der Wahrheit
> und kehre bei uns ein
> verbreite Licht und Klarheit
> verbanne Trug und Schein ...
> gib uns in dieser schlaffen
> und glaubensarmen Zeit
> die scharf geschliffenen Waffen
> der ersten Christenheit.

Hier fühle ich mich unmittelbar im Zentrum meiner Arbeit. Hier kann ich, ohne auf halbem Wege stehenbleiben zu müssen, auf das Wesentliche meiner Berufserfahrung hinweisen: auf das Zugeordnetsein des

Menschen zu seinem Schöpfer und die Notwendigkeit einer bewußten Ausrichtung des Menschen auf diese Gegebenheit hin. Hier kann ich mit all den Mosaiksteinen der Erfahrung beweisen, in welcher Weise Schreckliches passiert, wenn diese Grundordnung nicht mehr gesehen und eingehalten wird.

Nach Kiel kehre ich zurück in jene Kirche, in der mir als Siebzehnjähriger im Schlußchor der Johannespassion das entscheidende Tremendum zuteil wurde, das mein Leben an die Angel nahm. Durch eine Apokalypse ist die Nikolaikirche, bin auch ich inzwischen gegangen. Hunderte von Brandbomben durchbrachen ihr Dach und vollzogen ihr phosphoreszierendes Zerstörungswerk.

Die Nikolaikirche und ich – wir haben neue Dächer, neue Fenster bekommen – aber das gleiche Licht erfüllt uns noch.

Dort darf ich am Bußtag in einem ökumenischen Gottesdienst eine Bußpredigt halten.

Während die Gemeinde sang, wurde mir die Zeit geschenkt, auf den hochbeinigen Stufen zur Kanzel Gott zu bitten um die Vergebung meiner Sünden und die Kraft, Bußfertigkeit zu erwirken.

Eine vielgesichtige Menge schaut hinauf zu der hohen Kanzel: das kritische, nüchtern-vorsichtige Gesicht meiner Heimat. Ihr halte ich meine Predigt:

Liebe Gemeinde!

Meine Ansprache hier in Ihrer Kirche soll unter einem Wort aus dem Buch Jona stehen. Dort heißt es:
„Es erging das Wort Jahwes an Jona zum zweiten Male also: ‚Steh auf und geh nach Ninive, der großen Stadt, und halte ihr die Predigt, die ich dir auftragen werde.‘ Und Jona machte sich auf und ging nach Ninive, wie Jahwe ihm aufgetragen hatte. Ninive aber war eine große Stadt vor Gott, drei Tage brauchte man, um sie zu durchwandern. Jona ging eine Tagereise weit in die Stadt hinein und predigte und sprach: ‚Noch vierzig Tage, und Ninive wird zerstört werden.‘
Die Männer von Ninive aber glaubten Gott und riefen ein Fasten aus und zogen Bußgewänder an, groß und klein. Und die Kunde davon drang bis zum König von Ninive, und er erhob sich von seinem Thron, legte seinen Mantel ab, hüllte sich in den Sack und setzte sich in die Asche. Und er ließ in Ninive ausrufen und gebot: ‚Auf Befehl des Königs und seiner Großen! Menschen und Tiere, Rinder und Schafe sollen nicht das Geringste genießen, nicht auf die Weide gehen und kein Wasser trinken! Man soll sich vielmehr in den Sack hüllen, und sie sollen mit Macht zu Gott rufen, und ein jeder soll sich bekehren von seinem bösen Tun und von dem Unrecht, das an seinen Händen ist! Vielleicht, daß Gott es sich wieder gereuen läßt und von seinem Zorn abläßt, daß wir nicht zugrunde gehen.‘
Als nun Gott sah, was sie taten, daß sie von ihrem bösen Tun sich ab-

kehrten, da reute ihn das Böse, das er ihnen zu tun angedroht hatte, und er tat es nicht.“

Ninive, die große reiche Stadt, war also reif zum Untergang gewesen, als Gott sich ihrer erbarmte, und zwar: weil ihre Menschen Buße taten. Eine Geschichte aus der Vergangenheit, eine Geschichte aus dem Alten Testament dazu – kann sie für uns heute noch gelten, uns für unsere Zeit, uns für diesen Tag, den Bußtag, zu irgendeiner Erkenntnis verhelfen? Bußpredigten sind unmodern geworden, sie sind so scheußlich unbequem, und unsere liebevollen Seelsorger sind sich ihrer eigenen menschlichen Schwächen bescheidener- und ehrlicherweise so bewußt geworden, daß es ihnen in zunehmendem Maße schwerer fällt, etwas zu predigen, das wie eine moralinsaure Anklage anderer, das wie ein Angstmachen vor göttlicher Strafe, wie ein Bangemachen vor dem Jüngsten Gericht aussehen könnte. Oft sogar wird die Meinung vertreten: Die Bußbedürftigkeit, die die Propheten im Alten Testament aufzeigen, sei lediglich die Folge eines noch primitiven Bildes von Gott, das Bild des harten, unerbittlichen, des autoritär absolute Unterwerfung fordernden Gottes. Buße sei *nach* Jesus Christus, der uns den *liebenden* Vater einsichtig gemacht habe, kaum noch nötig, da Gott ohnehin der sei, der den Sündern vergäbe, seit Christus sich zu ihrem Anwalt gemacht habe.

Diese Vorstellung erweist sich bei näherem Zusehen doch nur als bedingt richtig – sie bezieht sich auf die vielen Verfehlungen, die Nachlässigkeiten, die Trägheiten des Herzens, die wir schamvollerweise täglich vollziehen; aber auch im Neuen Testament, am deutlichsten in den Offenbarungen des Johannes, ist unmißverständlich nachzulesen, daß diese Generalabsolution ausbleibt, ja daß Untergang und Verdammnis dort droht, wo der Mensch die Treue bricht und sich in hochmütiger Eigenmächtigkeit selbst zum Schöpfer ernennt.

Und stehen wir nicht – heute ganz besonders – hart an einem solchen Abgrund, gibt es nicht eine riesige Fülle von Zeichen dafür, daß wir gerade durch diese Eigenmächtigkeit in zunehmende Not geraten, die uns die Notwendigkeit zur Umkehr zwingend signalisiert?

Wie sie sich in einen kleinen Teilbereich, im Bereich meines Faches, der Psychagogik, zeigt, will ich versuchen darzustellen.

Unsere Not heute zeigt sich hier nicht als Hungersnot, Seuche oder Krieg, und dennoch ist auch sie so allgemein, ist eine so schwer verstörende kollektive Angelegenheit, daß sie die Mehrzahl der Menschen bereits täglich und stündlich zu schwer Leidenden macht.

Ich meine jene Nöte, die, oft die Familien in ihren Fundamenten zerrüttend, durch die Erziehungsschwierigkeiten mit den Jugendlichen, aber auch von Jahrgang zu Jahrgang zunehmend bereits mit den Kindern entstehen. Diese Schwierigkeiten sind heute – ganz anders als früher – von einer penetrant lärmenden Art; sie sind nicht nur, wie üblich, mal ein wenig Unbotmäßigkeit, mal ein wenig Faulheit, mal ein wenig üble Angewohnheit. Nein, das Gros der Störungen heute läßt die Eltern am Sinn all ihrer Mühe zweifeln, zieht sie in den Sog der Depression, weil ihre Kinder ihnen demonstrieren, daß ihre erzieherischen Bemühungen gänzlich ergebnislos waren. Die einen müssen erleben, daß ihr Junge in die Rauschgiftsucht geht und nach jahrelangem Terror zu Hause schließlich an einer Überdosis des Giftes stirbt, die anderen werden mit dem Schrecken konfrontiert, daß ihr Kind die Tür des Hauses auf Nimmerwiedersehen zuwirft und ohne je wieder etwas von sich hören zu lassen in einem Gammlertrupp untertaucht; viele schrecken mit einer Vorladung zu einer Gerichtsverhandlung gegen Sohn oder Tochter aus der süßen Illusion auf, daß bei ihnen selbst doch noch alles in bester Ordnung sei, und ein Heer von Vätern und Müttern kämpft heute einen sinnlos zermürbenden Kampf gegen die Unordentlichkeit, die Trägheit, den rücksichtslosen Lärm aus der Röhre, die lebensverkürzende Nikotinsucht ihrer Zöglinge. Manche Erwachsene werden bereits jahraus, jahrein mit Sprech- und Kontaktverweigerung und der eisigen Verachtung ihrer eigenen Brut bestraft, die sie je nach Temperament in den Jähzorn oder in den Alkoholismus treibt. Anderen wird durch die verwöhnten Überansprüche der Jugendlichen das letzte Hemd vom Leibe gezogen oder gar die Habe geraubt und zerstört. Ich habe jüngst in meiner Praxis erlebt, daß ein Jugendlicher in Abwesenheit der Eltern einen Schrank aufbrach, eine Münzensammlung stahl und sie versetzte; ein anderer setzte mit Hilfe mehrerer auf einmal entzündeter Streichholzpakete die Küche des Hauses in Brand, ein dritter warf seine querschnittgelähmte Mutter vom Sessel und brach ihr den Arm, weil sie ihm die Kognakflasche fortgenommen hatte, der er schon im Unmaß zugesprochen hatte. Ein Mädchen aus allerbestem Hause lud, wenn die Eltern abends fortgingen, eine Schar von Gleichaltrigen ein und weidete sich am Entsetzen der Heimkehrenden über eine Wohnung, die deutlich alle Kennzeichen wüster sexueller Orgien – selbst in den Ehebetten – aufwies.

Ich kann von meiner Praxis her jedenfalls ein Lied davon singen, daß viele Menschen in einem Leid leben, das von manchen schlimmer als Folter und Aussatz empfunden wird. Eltern junger Kinder, die noch nicht zur Schule gehen, sehen häufig voller Verachtung auf diese Not – sie sind doch so fleißig und so ordentlich, sie sorgen für ihre Kinder und meinen, daß ihnen dergleichen niemals passieren könne. Sie wohnen nicht in einem Obdachlosenasyl, sie brauchen, weil sie sich das Häuschen im Grünen und ein Auto erarbeitet haben, nicht in einem Hochhaus, nicht in einer Mietskaserne zu wohnen und sie meinen, sich damit einen Freipaß für die seelisch gesunde Entwicklung ihrer Kinder erkauft zu haben. Aber auch das erweist sich als Illusion. Wohlstand schützt weder vor neurotischer Verwahrlosung, noch vor Rauschgiftsucht, noch vor Selbstmord, im Gegenteil: Die Statistiken zeigen, daß die meisten Selbstmorde von wohlhabenden, ja von reichen Leuten begangen werden. Die Not unserer Zeit ist kein Schichtenproblem. Ein Beispiel aus der Praxis soll diesen Sachverhalt noch ein wenig konkretisieren:

Der achtzehnjährige Studienratssohn Michael ist seit einem Jahr rauschgiftsüchtig. Er hat zunächst in einem Kreis von Kumpeln mit Haschisch angefangen und ist jetzt LSD-abhängig. Er handelt mit

Hasch und verdient sich auf diese Weise das Geld für die Trips. Michael sucht mich auf Drängen der Eltern auf, weil er eine Berufsberatung wünscht. Er möchte Sozialarbeiter werden. Ansätze zu mehreren anderen Berufen, Buchhändler, Bauingenieur, Postbeamter, sind bereits gemacht worden, aber regelmäßig daran gescheitert, daß Michael es nicht schafft, bei einer Arbeit auszuharren. Diese Schwierigkeit besteht keineswegs erst seit seiner Drogenabhängigkeit, sie war im Gegenteil schon immer die Crux des Jungen. Zwar besitzt er einen Realschulabschluß – diesen verdankt er aber weitgehend dem Einfluß der Pädagogeneltern auf ihre Kollegen, die immer wieder mit dem Jungen Gnade walten ließen; denn bereits als Schulkind war Michael zum Arbeiten nicht zu bewegen. Seine Schulleistungen waren von Anfang an immer unter dem Durchschnitt, obgleich die Lehrer einhellig aussagten, daß die Antworten im Unterricht und gelegentlich ein blitzartiges Aufleuchten seines Intellekts bewiesen, daß er nicht dumm sei.
Aber diese „Faulheit", die zum Wechseln von Klassen und Schulen geführt hatte, war im Grunde auch bereits vor der Einschulung vorhanden gewesen. Die Eltern erinnern sich, daß der Junge als Kleinkind keine Lust zum Spielen gehabt habe, ja daß er sogar eßfaul gewesen sei. Noch bis ins Schulalter hinein habe er Brot stundenlang im Munde herummümmeln können, da er sich selbst zum Kauen nicht habe entschließen können. Hingegen habe er einen riesigen Konsum an Trinkbarem, zuerst von Brause, schließlich ab zwölf Jahren aber auch schon von Bier gehabt, ab dreizehn sei er zigarettensüchtig geworden. Interessanter-

weise berichten die Eltern, daß Michael erst mit etwa sieben Jahren bettrein geworden sei und seit dieser Zeit dazu neige, immer einmal wieder Geld zu stehlen, obgleich er viel Taschengeld bekommen habe; aber er könne mit Geld grundsätzlich nicht haushalten.

Wie sieht der Lebensstil des Elternhauses aus? Keineswegs ungepflegt und keineswegs übergepflegt, keineswegs überstreng, keineswegs intolerant. Michael hat drei ältere Geschwister, die studiert haben und mit ihrer Berufsausbildung bereits fertig sind. Alle Geschwister haben eine locker-gelöste, aber doch positive Beziehung zu den Eltern und zueinander. Keine enge Wohnung, kein Großstadtsmog, keine veraltete, enge, tabuierende Pädagogik – was machte dennoch den Michael so krank; denn daß er das bereits war, als er in die Schule kam, zeigen das Bettnässen, die Trinksucht, die Passivität des Kindes.

Dennoch ergab sich bei näherem Hinsehen, daß Michaels Situation in seiner ersten Lebenszeit sich von der seiner Geschwister weitgehend unterschied. Michaels Mutter war Studienrätin und gerade – ihr damals jüngstes Kind wurde eingeschult – wieder berufstätig geworden, als eine neue Schwangerschaft eintrat. Es gelang ihr nicht, sich innerlich mit dieser Situation abzufinden – zu sehr durchkreuzte das ihre eigenen Pläne. So blieb sie denn im Beruf, stillte das Kind im Gegensatz zu den älteren Geschwistern nicht und ließ es in der Zeit ihrer Abwesenheit von freilich häufig wechselnden Hausmädchen oder Stundenhilfen versorgen. „Unser Lebensstil wurde um die Zeit, als Michael geboren wurde, entscheidend anders," sagte diese Mutter. „Wir beiden Erwachsenen hatten zunehmend weniger Zeit, dafür aber mehr Geld. Wir konnten den Kindern, vor allem aber dem kleinen Michael, viel mehr bieten."

Damit wird eine sehr typische Gegebenheit deutlich: Dem kleinen unerwünschten Michael wurde auf diese Weise viel, ja viel zu viel „geboten", aber eben gerade nicht das, was er brauchte: die stille, beschauliche Gemeinsamkeit mit einer Mutter, die bereit war, sich ganz auf ihn einzustellen.

„Unsere Ältesten", so berichten die Eltern, „haben mit uns die beengten Verhältnisse der Nachkriegszeit durchgestanden – Flucht auf dem Planwagen, Notunterkünfte, das Suchen nach einer neuen Heimat, aber wir sind glücklicherweise nie voneinander getrennt gewesen."

Das nun ist das Entscheidende: Der kleine Michael, das einzige Kind mit einer beständigen neuen Heimat, ist das einzige innerlich heimatlose Kind der Familie, denn ihm wurde nicht mehr das Glück zuteil, sich an eine Mutter, die immer für ihn da ist, binden, in ihr verwurzeln zu können – er bekam auf der ganzen Linie schnöden Ersatz, er geriet wie so viele seiner Jahrgangsgenossen in den Sog des Zeitmangels und der Verwöhnungsmöglichkeit seiner Eltern.

Solche Kinder sind seelisch chronisch unterernährt, während ihre Aktivität im Ansatz durch Verwöhnung blockiert wird, so daß es ihnen nicht mehr möglich ist, sich anzustrengen, nach „getaner Arbeit" zufrieden zu sein und damit zu neuen Leistungen motiviert zu werden. Weil diese Situation bei immer mehr Kindern eintritt, nimmt die Zahl derer, die als Kleinkind nicht kauen wollen, die sich mit Flüssigkeit zur Fettleibigkeit vollschwemmen, die aus Seelenhunger bereits als Sechsjährige zu stehlen beginnen und aus verzweifelter Antriebsschwäche schließlich in eine Sucht gehen, von Jahrgang zu Jahrgang zu. Weil auf diese Weise die Zahl der arbeitstüchtigen jungen Erwachsenen von Jahrgang zu Jahrgang abnimmt, ist die Gefahr gegeben, daß wir uns bei gleichbleibender Situation bereits im Jahre Zweitausend nicht mehr als Kollektiv werden erhalten können.

Unsere Stadt Ninive ist damit in der Gefahr, unterzugehen. Und in der Tat, das sollten wir erkennen: Dieses Problem ist keineswegs durch die Verteilung von mehr Geldern an das Heer der bereits auf zwölftausend angewachsenen Frührentner zu lösen – diese unsere Not soll und will uns zur Buße auffordern; denn sie zeigt unmißverständlich auf, daß der Mensch nicht vom Brot allein leben kann. Unsere wie Raben stehlenden Kinder und Jugendlichen sind seelisch Verhungerte. Sie stehlen – ohne zu wissen warum – mit dem Negerkuß, mit dem Lutscher, mit dem sie ohnehin zu Hause überreichlich gefüttert werden, eine Süße, die sich nicht kaufen läßt: die Liebe, die Zuwendung, die ihnen von ihren fleißigen Eltern, die beide unentwegt im Beruf schufteten, nicht zuteil werden konnte.

Es wirkt sich auf die seelisch-geistige Entwicklung des Kindes unheilvoll aus, wenn seine Erzieher ihr Leben unter den Primat des Gelderwerbs gestellt haben. Dazu muß unterscheidend betont werden: Es ist ein notwendiges, berechtigtes und natürliches Bedürfnis, durch Geld-

verdienen seinen und seiner Familie Lebensunterhalt zu sichern; unbekömmlich ist es für das Kind nur, zu erleben, daß in seinem Umkreis materielle Erwerbstätigkeit als höchster Wert fungiert und ihm alle anderen Lebensbereiche untergeordnet werden.
Diese Einstellung ist heute keineswegs nur eine Angelegenheit der Industriebosse, sondern sie ist in unserer Erwachsenengeneration als tragische Folge des Zusammenbruchs der Ideale durch Hitlerschen Mißbrauch mit ihnen und als Folge der harten Kriegs- und Nachkriegszeit bei einer großen Zahl von Menschen gang und gäbe. Besonders Jugendliche vertragen diese Fehleinstellung nicht in dem Alter, in dem sie lernen wollen, über ihren Egoismus hinauszuwachsen. Es verstört ihre Möglichkeit zu überpersönlicher Einsatzfähigkeit.
Die Adoleszenz, das Jugendalter zwischen siebzehn und einundzwanzig Jahren, hat nämlich als Entwicklungsstufe die Aufgabe, auf überpersönliche Zielrichtungen der seelisch-geistigen Entwicklung vorzubereiten. Sind die Erwachsenen, ist die Gesellschaft aus ihrer eigenen Fehleinstellung heraus nicht in der Lage, den Jugendlichen hier Vorbilder und Betätigungsfelder zu geben, so reagieren sie – ohne zu wissen warum – mit vermehrter ungerichteter Aggressivität, mit Protesten, Unruhe und Depressionen.
Noch schlimmer aber wirkt sich die Vergottung des Materialismus auf die seelisch-geistige Entwicklung *junger* Kinder aus. Diese werden heute mit Materialien, mit einer viel zu großen Fülle an Spielzeug und Genußmitteln überschüttet, was ihre Aktivität lähmt und ihnen ein fal-

sches Weltbild vermittelt. Denn auf diese Weise wächst in ihnen die Vorstellung, daß ihnen die gebratenen Tauben in den Mund zu fliegen haben. Da die Tauben das bereits im Grundschulalter nicht mehr tun, reagieren sie mit empörtem Protest und beleidigter Verweigerung der Arbeitsforderung. Am bedenklichsten ist es, daß durch eine solche Verwöhnung generell die Fähigkeit, mit Lust aktiv zu sein, verkümmert, so daß es zu einer Aktivitätsatrophie kommt, wie ich diese Störung in meinen Büchern genannt habe. Das heißt die unzureichende Entwicklung der Aktivität bewirkt eine fundamentale Trägheit, eine Passivität, die später nicht einfach durch Antreiben, durch Ermunterung oder ein freundliches Auf-die-Schulter-Klopfen wieder nachholbar ist. Übel ist es vor allem, daß Kinder, bei denen in ihrer ersten Lebenszeit durch Verwöhnung das Instrumentarium für eine optimale Lebenserfüllung verschleudert worden ist, in einer gefährlichen Weise – dumpf berechtigt – durch all ihre gleichgültige Leere hindurch unglücklich sind und nur eines ideologischen Anführers bedürfen, um sich zum Kampf gegen diese „verrottete Gesellschaft" zusammenschmieden zu lassen.
Ich meine, daß es der Sinn der fürchterlichen Nöte ist, die zahllose Eltern heute schon mit ihren neurotisch verwahrlosten Jugendlichen haben, daß wir so schnell wie möglich die Konsequenz aus dem Dilemma und aus der Gefahr für die Zukunft ziehen sollen. Sie heißt, zu erkennen, daß der Mensch nicht nur als Einzelperson, sondern auch als Kollektiv zugrunde gehen muß, wenn er den Materialismus zu seinem Gott ernennt. Entweder regrediert er in der Diktatur eines soziali-

stischen Paradieses auf die Stufe des Heringsschwarms, oder er versinkt im Chaos der Wohlstandsverwahrlosung.
Die Rettung unserer Stadt Ninive kann also weder durch die falschen Propheten aus dem Osten noch durch die aus dem Westen geschehen. Auch wir brauchen schleunigst das, was die Leute von Ninive taten: *Sie glaubten Gott,* so sagt unser Text. Und das eben ist das Entscheidende. Das sollte und könnte die einzig richtige Konsequenz sein, die wir aus unserem Dilemma ziehen müßten, wenn wir Ohren hätten zu hören, zu erkennen: Wie eigenmächtig es ist, die Mütter von ihren hilflosen Säuglingen in die Industrie fortzuholen, wie hochmütig es ist, uns Frauen vorzugaukeln, unsere Kinder könnten ohne die Kraft unseres Leibes und unserer Seele, ohne unser Opfer – Erziehen bedeutet, sich total einem Kind hinzuhalten – gleichartige Kraft durch „Ersatzpräparate" bekommen, wie sehr sich an uns in aller eisernen Konsequenz der Satz Christi bewahrheitet: Man kann nicht zwei Herren dienen – Gott *und* dem Mammon; das heißt: gewiß müssen wir für unseren Lebensunterhalt sorgen, aber das hat nicht an erster Stelle zu stehen, an erster Stelle muß stehen: Gehorsam, Ehrfurcht, Liebe und Dienst für Gott – und das heißt auch: Beugen unter die Lebensgesetze, denen wir unterstellt sind, verantwortungsbewußte Pflege der Kinder, die wir geboren haben, solange sie noch nicht ohne uns auskommen können, Liebe also zu den wirklich Nächsten, die uns in unserem Umkreis anvertraut sind. Mit Anstrengung sollte jeder einzelne versuchen, unsere materialistische, egozentrische, verwöhnungsbereite, bequeme Einstel-

lung zu ändern. Denn diese Einstellung ist gar nicht so sehr Schuld der einzelnen Mutter, des einzelnen Vaters; sie ist die Folge eines kranken Zeitgeistes, der sich anmaßt, das Leben nach eigener Maßgabe *machen* zu dürfen. Sie ist die Folge des Glaubens an falsche Götter – auch an die Wissenschaft, die dann oft selbst voller Entsetzen vor den vielen ungewollten schädlichen Nebeneffekten all ihrer neuen Segnungen steht, die oft erst nach Jahren und Jahrzehnten verheerend in Erscheinung treten. Gegen unreflektierte Machtanmaßungen dieser Art, gegen unser bequemes Mitlaufen müssen wir uns mit Entschiedenheit zur Wehr setzen. Es ist besser für unsere Kinder, wenn wir für sie da sind, für sie Zeit haben, uns mit ihnen beschäftigen, als wenn wir ihnen als Mütter von unserem verdienten Geld täglich ein neues Spielzeug kaufen. Es ist besser für die Kinder im Grundschulalter, wenn wir mit ihnen zelten, angeln, paddeln und Lagerfeuer machen, als wenn wir sie im Fond eines teuren Wagens durch die Kontinente jagen. Es ist besser, wenn wir mit ihnen spielen, als wenn wir sie unentwegt mit neuer Bekleidung ausstatten, die wir durch Arbeit irgendwo draußen erworben haben. Es ist unermeßlich viel besser, die Säuglinge ein dreiviertel Jahr lang voll an unserer eigenen Brust die Erfahrung machen zu lassen, wie man sich durch harte Arbeit zufrieden macht, statt die Verwöhnung bereits in diesem Alter durch eine zu leichte und unnatürliche Form der Ernährung einzubahnen und vorzuprägen. Es ist notwendig, mit den Jugendlichen zu sprechen, auch über den Sinn des Lebens und unsere eigene Einstellung und Erfahrung mit dem Zweifel an diesem Sinn, über die Festigkeit unseres Vertrauens auf Gott – als Frucht eigener Nöte und Sackgassen. Das ist besser, als sie mit ihren Problemen allein zu lassen, weil wir die Vorstellung hegen, der Fernsehapparat könne unsere Zuwendung, könnte Führung und Geleit ersetzen.

Das alles ist Verwirklichung des Glaubens an Gott: indem wir über den Tellerrand unseres Egoismus hinausblicken auf das unsichtbare große Du über unserer Welt, auf *den* anderen hinter unserer Tür und *danach* auf *die* anderen hier, indem wir das *Du* unserem *Ich* überordnen, statt in den Teufelskreisen der Eigensucht steckenzubleiben.

Ein solches „Fasten" im übertragenen Sinne, ein bewußtes Sichwehren gegen die Bequemlichkeit, zu der wir durch Konsumgegaukele verschaukelt werden sollen, konnte nicht nur für Ninive, kann auch für uns heute noch heilsam sein. Aber auch wir bedürfen dazu, wie Ninive, des Vorbildes, unseres Königs, des besten Teils in uns, sein Grenzen setzen, sein Knien in der Asche der Demut statt eines selbstherrlichen überheblichen Hockens auf den Thronen der Eigensucht. Und im Symbol der Tiere, die nicht einmal zum Fressen auf die Weide getrieben werden dürfen, sagt unser Vorbild Ninive, daß diese Einstellung der Bußfertigkeit radikal sein muß, bis in die primitiven, die „tierischen" Bedürfnisse unseres Leibes hinein. Auch der Lust-Gott und der Genuß-Gott sind wie der Gott der Verwöhnung und des Geldes falsche Götter – *wie* falsch sie sind, das zeigt sich eben an diesen durch einen falschen Zeitgeist hervorgerufenen Verhaltensstörungen in der jungen Generation, die unsere Zukunft ist.

Wollen wir Zukunft haben, wollen wir nicht untergehen wie Babylon, geschlagen von Gottes Zorn, wie es auch noch *nach Christus* geschrieben steht, so glaubt *Ihr* Gott, sagt unser Text, so sollten wir alle, wie die Männer von Ninive, das große Fasten, nämlich die Änderung unseres Zeitgeistes zu Gottesfurcht, zu Menschenliebe und echter Opferbereitschaft ausrufen.
Denn unsere Not hat, wie jedes kollektive Schicksalsleid, den Sinn, uns die Grenzen unserer Eigenmächtigkeit erkennbar zu machen und uns auf diese Weise das Beten, das Bitten, eine ehrfürchtige und damit die einzig wirklichkeitsgerechte Haltung wieder zu lehren. Das bittere Brot der Not essen zu müssen bedeutet, in die Antwort auf sie, in die Verantwortung gerufen zu werden, und mit Einsicht und Änderungsbereitschaft – eben mit Buße, zu reagieren.
Mächtige Veränderungen in der Einstellung müßten sich vollziehen, denn, so sagt Bernhard Philbert mit Recht: „Von Anfang an ist die Welt so geschaffen, daß das Abgefallene und Unwahrhaftige sich in sich selbst vernichtet – aufgrund eines der Schöpfung mitgegebenen Gesetzes, mächtiger als alle Gesetze unseres Denkens und unserer Apparaturen: die Gerechtigkeit."
Wir brauchen so, so viel Umkehr und so viele Bitten, damit Gott diese uns zustehende Gerechtigkeit preisgeben könnte – um der Liebe und der Vergebung willen. Nur so haben wir die Chance, daß er sich unserer Stadt Ninive erbarmt.

Wunschtraum und Wirklichkeit – Lieben, was ist das? – Manipulierte Maßlosigkeit – Erziehen lernen

das sind einige Themen der Taschenbücher von Christa Meves.

„Der Name Christa Meves bedeutet klare, verständige und verständliche Auseinandersetzung mit Fragen, vor denen viele von uns heute ratlos und mit Beklemmungen stehen. Ihre Ansichten zu kindlichen Verhaltensstörungen, vorzeitiger Einschulung, jugendlicher Rauschgiftsucht, neuen Eheformen oder zur zweiten Lebenshälfte der Frau sind getragen vom tiefen Verantwortungsgefühl, aber auch von Freude und Dankbarkeit für den Reichtum eines erfüllten und beglückten Lebens. Man muß der Herderbücherei danken, daß sie der Stimme der Verfasserin einen großen Leserkreis durch dieses preiswerte Buch ‚Wunschtraum und Wirklichkeit' geöffnet hat, und möchte hoffen, daß der Aufruf an die Zeitgenossen durchschlägt, sich die positiven Aspekte von Macht und Ordnung durch eine zielstrebige Strategie, die sich an Triebbefriedigung und Repressionsgefühle wendet, nicht vernebeln zu lassen, und daß die Einsicht wächst, daß Freiheit ohne Normen eine Illusion ist und falsch verstandene Toleranz die seelische Struktur, besonders des jugendlichen Menschen, zerstört."

(Deutsches Ärzteblatt)

In einem Grenzgespräch zwischen Biologie und Psychologie von Christa Meves und Joachim Illies ist ein Hauptanliegen beider Autoren, „der heutigen Sexwelle entgegenzuwirken, für die ‚Liebe' ein rein materialistisch-biologisch zu erfassendes Ding darstellt. Dieses Anliegen ist sehr zu loben, zumal heute Mut dazugehört, sich gegen etwas zu stellen, oder auch nur dagegen sich kritisch zu äußern, was in weitestverbreiteten Zeitschriften und Büchern ununterbrochen auf die Menschheit, zumal ihren jugendlichen Teil, losgelassen wird. So gehört denn das Buch ‚Lieben – was ist das?' gerade in die Hände junger Menschen, und es soll ihnen zeigen, daß Liebe wohl auch Sex einschließt, andererseits aber, gemäß den Forderungen aller echten ethischen Systeme, zumal der Hochreligionen, das Höchste am Mensch-Sein ist und nicht nur Befriedigung eines Triebes!"

(Universum, Wien)

Seit langem müssen wir es uns gefallen lassen, daß uns in Presse, Rundfunk und Fernsehen von sogenannten Weltverbesserern pauschal und mit oberflächlichen Argumenten bedeutet wird, „die Gesellschaft sei an der Rauschgiftwelle, an der steigenden Kriminalität und etlichen anderen Fehlentwicklungen schuld. Diesen pauschalen Behauptungen ist endlich einmal aus wirklich sach- und fachkundiger Sicht Paroli geboten worden. Noch dazu von einer Frau, was im besonderen Maße Respekt verdient. Diese Frau ist Christa Meves, praktizierende Psychagogin in Uelzen. Mit ihrer lesenswerten Schrift ‚Manipulierte Maßlosigkeit' hat sie manche Mauer des Schweigens gebrochen. In mehreren in sich geschlossenen Abhandlungen nimmt die Verfasserin zu einer Reihe drängender Gegenwartsprobleme Stellung. So legt sie schonungslos die wahren Ursachen der wachsenden Verwahrlosung großer Teile unserer Jugend und der daraus resultierenden Kriminalität dar. In überzeugender Weise führt sie die antiautoritären Kindergärten ad absurdum. Ebenso kritisch setzt sie sich mit der nach wie vor überbordenden Sexwelle auseinander. Aber auch die Bestrebungen der Frauen nach völliger Gleichberechtigung führt sie auf den richtigen Stellenwert zurück . . .

Insgesamt weist Christa Meves nach, und dieser Nachweis wird durch eine Vielzahl praktischer Beispiele überzeugend belegt, daß die Persönlichkeit eines jeden Menschen entscheidend in seiner Kindheit, vor allem in der Frühphase, geprägt wird. Daran wird deutlich, wie wichtig es ist, daß junge Menschen in intakten Elternhäusern aufwachsen. Elternhäuser aber können nur intakt sein, wenn auch das Verhältnis der Eltern selbst intakt und in gutem Sinne von Bestand ist. – Das ist fürwahr ein anderer Wind, als er seit langem durch viele deutsche Gazetten weht, und das sind andere geistige Eckwerte als diejenigen, die uns bestimmte Gruppen von ‚Progressiven' Tag für Tag zu verkaufen trachten."

(Die Krankenversicherung)

Wie sagt doch die Zeitschrift „Krankenversicherung"; „Eine sachkundige Frau bietet Paroli", eine Frau, die von der Wissenschaft herkommt mit gründlicher Ausbildung – die so schreibt, daß sie auch von einfachen Menschen verstanden wird, sogar plattdeutsch: „Ich hew düsse Tog een Book leest. Is nich lang un nich düer. Is schreewen vun Christa Meves und heet: ‚Manipulierte Maßlosigkeit'. Mußt dat lütte Book mol lesen, is'n Bestseller all wörn. De vertellt Di wat vun Sinn und Unsinn över de Eh'mannzipation. Dat is nich bloß een klooke Fru alleen, nich bloß een düchtige Psychologin, dat is ok noch een vun de modernen Frunslüd, de den Verstand nich nur in'n Kopp, sondern ok noch in Hart hett."

Veröffentlichungen von Christa Meves

Mut zum Erziehen

Erfahrungen aus der psychagogischen Praxis
3. Auflage, Stundenbücher Band 96

Die Schulnöte unserer Kinder

Wie Eltern ihnen vorbeugen und abhelfen können
3. Auflage, Stundenbücher Band 101

Furche-Verlag Hamburg

Erziehen lernen

aus tiefenpsychologischer Sicht

192 Seiten, 26 einfarbige Bilder, 3 graphische Darstellungen
14 mehrfarbige Kinderzeichnungen, kartoniert · ISBN 3-7627-7004-2

Bayerischer Schulbuch-Verlag, 8 München 19

Verhaltensstörungen bei Kindern

Serie Piper Band 20, 150 Seiten

Piper München

Erziehen und Erzählen

Über Kinder und Märchen, 2. Auflage

Kreuz-Verlag, Stuttgart

Christa Meves

Manipulierte Maßlosigkeit
Psychische Gefahren im technisierten Leben

Band 401 · 144 Seiten 10. Aufl.

Wunschtraum und Wirklichkeit
Lernen an Irrwegen und Illusionen

Band 433 · 160 Seiten 3. Aufl.

Die Bibel antwortet uns in Bildern
Tiefenpsychologische Textdeutungen im Hinblick auf Lebensfragen heute

Band 461 · 160 Seiten 2. Aufl.

Christa Meves / Joachim Illies
Lieben – was ist das?
Ein Grenzgespräch zwischen Biologie und Psychologie

Band 362 128 Seiten 5. Aufl.

Ehe-Alphabet

Band 485 · 128 Seiten

„Zur Tiefenpsychologie des Kindes Kind und Krankheit" in
Das Kind im Vorschul- und Grundschulalter

Band 9005 ::. 208 Seiten

in der Herderbücherei